gc

" Special Needs" !

John

xx

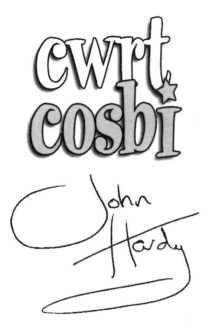

CWRT COSBI

John Hardy

Gwasg
Gwynedd

Argraffiad Cyntaf — Awst 2005

© John Hardy 2005

ISBN 0 86074 215 6

*Cyhoeddwyd ac Argraffwyd
gan Wasg Gwynedd, Caernarfon*

Hoffwn gyflwyno'r llyfr yma gyda diolch i'r canlynol:

I Mam a Dad am eu gofal cariadus;

I Dafydd, Robin a Huw am frawdgarwch
amyneddgar;

I Daniel a Geraint (Mawr a Bỳch) am gariad
di-amod.

Heb deulu, heb wreiddiau, heb ysbrydoliaeth,
heb lyfr.

J
x

Darluniau: Huw Richards Evans

Cynnwys

Rhagair

Pan oeddwn i'n grwt ifanc gartre ar Waun-Cae-Gurwen, cyrhaeddodd sied fawr bren yn yr ardd un diwrnod yn Hewl Colbren Uchaf. 'Yr Encil' oedd yr enw roed arni. Rwy'n cofio, gan taw fi gafodd y dasg o baentio'r enw hwnnw – yn ddigon anghelfydd – ar y drws. Nid sied i ddal twls yr ardd mo honno felly! Na, llyfrgell a stydi yn un. Bord ar ganol y llawr, gydag un o'r hen deipiaduron du hen ffasiwn yna ar ei chanol; clamp o beiriant recordio tâp Grundig ar y llawr, mor drwm nes ei bod hi'n anodd ei gario o le i le, ac astell ar ôl astell yn drwm gan lyfrau reit o gwmpas y waliau. Dyma lle y byddai'n Nhad yn cilio iddo i chwilio am heddwch a thawelwch er mwyn gweithio ar ryw erthygl neu ddrama newydd hyd yr oriau mân.

Cysegr sancteiddiolaf fy nhad oedd y sied felly am gyfnod hir, ond yna rai blynyddoedd yn ddiweddarach fe ddaeth hi'n ryw hafan o dawelwch i finne hefyd wrth baratoi ar gyfer gwahanol arholiadau yn yr ysgol. Yn 'Yr Encil' felly y cyflwynwyd fi gynta i'r ysgrif neu'r sgwrs radio fel ffurf lenyddol, gan fod cyfrol *Meddwn I*, Syr Ifor Williams, yn un o'n llyfre gosod ni ar gyfer Lefel A. Ac fe apeliodd o'r dechre. Roedd yn rhaid symud ymlaen wedyn i gael cip ar gyfrol arall Syr Ifor, *I Ddifyrru'r Amser*, cyn dod i werthfawrogi, flyn-yddoedd yn ddiweddarach, y sgyrsie difyr hynny bob nos Sul yng nghwmni I. B. Griffith ar raglen radio *Rhwng Gwyl a Gwaith*, ac wrth gwrs gyfraniade gwerthfawr John Roberts Williams am gymaint o amser yn edrych *Dros ei Sbectol* ar y byd a'i bethau.

Dywed Melville Richards yn ei ragair i *Meddai Syr Ifor* y geiriau hyn am yr awdur:

'Ef yn ddiau oedd meistr y sgwrs gartrefol agos-atoch, a llwyddai'n ddi feth bob amser i gynnwys swm enfawr o wybodaeth o fewn cwmpas a ymddangosai'n gyfyng iawn.' Dyna'r gamp, a braf iawn i fi yn gymharol ddiweddar oedd gweld John Hardy, cyd-weithiwr yn Adran Chwaraeon y B.B.C yn dilyn y traddodiad gydag arddull a phynciau cyfoes, perth-nasol i'n cyfnod ni. Bu John wastad yn gryn feistr ar drin geiriau'n ddiddorol, gyda rhyw hiwmor crafog, cellweirus yn aml yn cyfrannu at hynny. Da o beth felly oedd i Radio Cymru weld y posibiliadau, a'i wahodd i ddod i'r Cwrt Cosbi bob wythnos i gyflwyno llith, a hynny'n rhoi'r cyfle iddo o'r diwedd i ysgrifennu'n greadigol yn hytrach nag yn ffeithiol. O dipyn i beth, fe ddaethon ni i wybod am stori bywyd John, a magwraeth y ddau fab – y Bỳch a'r Mawr a dyfodd i fod yn gymeriade byw wrth i'r wythnose fynd heibio, heb sôn am Jac y gath! J.H. ar ei focs sebon sydd yma'n aml, ac roedden ni'n hen gyfarwydd â'r John hwnnw yn y swyddfa, yn barod â'i farn ar bob pwnc dan haul. A dyma gyfle iddo bellach i ddatgelu ei ragfarnau a lladd ar ei gas bethau yn gyhoeddus, ond gwneud hynny yn y modd mwya hwyliog nes i'r sgyrsie yma, er byrred oedden nhw, ddatblygu i fod yn rhai o gyfraniade mwya difyr yr wythnos ar Radio Cymru.

Byddai'r amrywiaeth o ran pynciau mor eang ag y gallai fod wrth iddo fe ar brydie gofio'n ôl i gyfnodau o'i fywyd, a thro arall ymateb i ddigwyddiadau'r wythnos. O statws yr iaith i noethlymunwyr, Undeb

Rygbi Cymru, Taid, Eisteddfota, dyddie ysgol yn Nyffryn Ogwen, ofergoelion, criced, balchder, garddio – unrhyw beth a ddoi i'r meddwl wrth iddo, yn ei eiriau ei hun, gymryd ei olwg od ar y byd.

Daeth y rhain i gyd o dan ei lach, ond pryfocio wnâi John bob wythnos. Dwi ddim yn cofio iddo droseddu'n wael yn y cwrt cosbi erioed. Ond eto, am ryw reswm, dangoswyd y garden goch iddo gan Radio Cymru rhyw flwyddyn yn ôl, ac roedd hynny'n dipyn o golled. Dyna pam y mae'n bwysig fod y gyfrol hon nawr yn gweld gole ddydd.

Fe fues i'n annog John droeon dros y blynyddoedd i gyhoeddi'r sgyrsie, ond cyndyn oedd e bob amser gan ddweud taw sgrifennu ar gyfer darlledu oedd e, sgyrsie i wrando arnyn nhw yn hytrach na'u darllen oedd yn y Cwrt Cosbi. Ond rwy'n siŵr y byddwch chi'n cytuno wrth droi'r tudalennau eich bod chi'n clywed llais John yn y geiriau, a bod y sefyllfaoedd roes cymaint o fwynhad ar y radio yn dod yn fyw unwaith eto rhwng dau glawr. Mae'n bwysig felly fod y gyfrol hon yn cael ei chyhoeddi i roi rhai o berlau'r Cwrt Cosbi ar gof a chadw. Cyfrol fydd yn hawlio'i lle ar unrhyw astell lyfre, a chyfrol hwyrach y bydd rhyw grwt arall yn rhywle yn pori drosti yn ei 'Encil' ynte wrth baratoi am yr arholiad sydd i ddod. Pwy a ŵyr!

HUW LLYWELYN DAVIES

Jac y gath

Cath ffarm 'di Jac; dwi ddim yn ama fod 'ôl y diafol' dan ei flew o'n rhywle, ond tydi'r cythraul ddim 'di gadael i mi ymbalfalu'n ddigon hir i gadarnhau'r amheuon. Mae o 'di bod yn rhan o'r teulu ers i'r Mawr ddod â fo acw mewn bocs gan fynnu nad oedd neb ond ni isio fo. Fedra i gredu hynny hefyd, a fy llais i yn y diffeithwch oedd yr unig un oedd yn mynnu y dylsa ni un ai ddychwelyd Jac i'r fferm, neu roi hysbyseb yn y siop yn gofyn a oedd rhywun am gynnig cartref i gath fach ddu a gwyn. Fasa waeth i mi siarad efo'r wal ddim – roedd y bwndal o flew wedi cael enw, gwely a phryd o fwyd cyn i mi droi! Roedd o hefyd, hyd yn oed mor ifanc â hynny, wedi magu rhyw olwg sarhaus bob tro roedd o'n sbio arna i. Mae'r olwg ganddo fo hyd heddiw. Dydw i ddim yn bwysig ym mywyd Jac; pobol eraill sydd yn gyfrifol amdano fo, a dwi dan fawd pobol sydd dan ddylanwad Jac. Oes posib bod yn fwy dibwys na hynny?

Dros y blynyddoedd, mae Jac a fi wedi ffraeo *big time*! Dim rhyw *border disputes* bach na dim fel'na, na, roedd y rhain yn rhyfeloedd byd, a fi sydd wedi colli bob tro. Mae'r bygythiad o gael gwared â'r gath yn disgyn ar dir diffrwyth; *dwi'n* fwy tebygol o weld y fet na'r gath, a'r cwbwl fedra i wneud ydi disgwyl fy nghyfle. Wedi'r holl flynyddoedd dan orthrwm, dwi'n barod i ddisgwyl.

Mae'n debyg mai cath y Mawr ydi Jac ond, i fod yn

gwbwl onest, efo Bỳch mae'r cwlwm cariad. Bỳch ydi'r un sy'n amddiffyn pob cam, gan fy meio fi'n bennaf am un ai ei gythruddo neu beidio newid y llefrith, neu ei adael o'n y tŷ fel bod rhaid iddo fo focha'n y llofft. Lle bydd yn rhaid i Jac fod yn ofalus ydi yn absenoldeb Bỳch. Dydi o ddim wedi bod adra'n ddiweddar, a buan iawn mae Jac wedi troi'n ôl at y Mawr. Prin ydi'r amddiffyniad yn fanno, ac os ydi'r gath yn colli cefnogaeth mi fydda i yna fel siot. Un camwedd arall a dwi ddim yn credu y bydd Bỳch mor barod ei gefnogaeth, yn sicr fydd y Mawr ddim, ac am unwaith mi fedra i ddial ar y ffernol. Daw dydd y bydd mawr y rhai bychain, hyd yn oed fi! Mae dial yn y gwynt. Gwylia Jac . . . ! Mae Johnny'n dod!

Dial

Siawns fod gan nifer ohonoch chitha gath, falla bod y creadur bach yn gannwyll eich llygad – 'tydyn nhw'n medru bod yn betha cariadus, cymwynasgar a ffyddlon? Ond fel y gwyddoch chi, tydi Jac a finna erioed wedi bod yn ffrindia pennaf.

Dwi ddim yn siŵr iawn be ydi'r broblem, mae 'na ronyn o *identity crisis*. Ers i Jac gael ei sbaddu tydan ni byth yn siŵr a ddylan ni ei alw fo'n fo neu hi, rhyw gymysgedd ydi o fel arfer a byth ers y dwthwn hwnnw pan y dois i â Jac yn ôl o'r fet heb ei *crown jewels,* mae o wedi sbio'n ddu arna i. Llygaid gwyrdd trahaus, lloerig – llygaid sy'n gwybod pwy ydi'r Mistar a phwy ydi'r Mostyn.

Tydi o ddim yn helpu ei fod o'n fwy o ffefryn ar yr

aelwyd nag ydw i; cha i byth y gadair ora na'r lle amlyca o flaen y tân, a rhaid i mi gyfadde fod yna elfen o genfigen. Wedi'r cyfan tydw i erioed wedi gwneud fy musnes ar y carped; tydw i ddim yn gadael blew ar bob dodrefnyn ac yn sicr nid fi sy'n crafu'r celfi, ond eto os bydd hi'n ddewis rhwng fi a Jac, y fi, muggins, fasa'n gorfod pacio'i fag.

Dwi erioed wedi cael fawr o lwc efo cathod; claddwyd yr ola dan y lawnt gefn. Mi aeth hwnnw'n rhy bell. Ond dwi'n ama fod *karma* Glen Hoddle ar waith a'i fod o'n ôl mewn ailymgnawdoliad i 'mhlagio fi. Dwi'n ennill ambell frwydr ond dwi'n gwybod yn iawn pwy sy'n ennill y rhyfel.

Dyma'r olygfa: mae hi'n noson oer, eira ar lawr a mwy yn cael ei chwipio ar rewynt i lawr y stryd. I fyny yn y llofft mae Jac, fel rhyw Ymerawdwr, wedi hawlio gwely'r mab a hwnnw'n gorfod gorwedd dros yr ochr fel cadach gwlyb ar lein ddillad, ei anadlu trwm yn asio gyda chanu grwndi'r gath.

Wele fi, Cruella de Ville, ar y landing, yn codi braich y bachgen er mwyn ei wahanu o'r swp o ffwr du a gwyn dan ei gesail, a dwy lygad gysglyd y gath yn deffro i'r hyn sydd i ddod. Mae ei sgrech gwynfannus yn diflannu ar y gwynt wrth iddo gael ffluch allan am y noson. Byr iawn yw'r eiliad o fuddugoliaeth ond wir mae o fel medd, ac mi ga i lonydd i fwynhau fy nghwsg cyn protest y bore.

Cyn i *chi* ddechra protestio, gan fynnu cell i mi a chynnig cartref i Jac, cofiwch mai fi 'di'r un sy'n diodde. Mae ogla busnes cath yn codi cyfog arna i yn waeth na llefrith wedi suro, ond mewn ennyd ysbrydoledig yr wythnos yma mae Jack wedi pi-pî ar fonet y car, hwnnw wedi mynd i'r system wresogi, a phob tro dwi'n trio clirio'r ffenest neu gynhesu'r car, blast o 'eau de Jac' gewch chi – ogla sur-felys sy'n glynu fel gliw ac yn gwrthod clirio. Dal i gydymdeimlo â'r diafol blewog? Ydach chi isio prynu car?

Gwely

Sut un ydach chi yn y gwely? Cyn i chi gochi, bwldagu dros eich cornflêcs a mwmblan rhywbeth fel 'Wel, iawn nos Sadwrn dwytha', neu 'Does 'na neb 'di cwyno hyd yma', nid cyfeirio at hanci panci rympi pympi cyn cysgu ydw i. Rhywbeth arall sydd gen i mewn golwg, y math o beth sydd ymhell o gyrraedd viagra. Sut un ydach chi am rannu'ch gwely? Mi fasach chi'n synnu sut mae'r person clenia'n fyw'n medru troi'n fwystfil anystywallt dan ddylanwad llwch cwsg.

Does 'na ddim chwyrnwr yn y byd 'ma sydd yn gwrthod derbyn y ffaith ei fod o'n chwyrnu ac mae 'na wahanol fathau o chwyrnu hefyd. Cymrwch fy nhad (plîs neith rhywun ei gymryd o, mi fasa'n medru chwyrnu dros Gymru), nid gwelyau ar wahân ydi'r ateb i broblem Mam, nid llofftydd ar wahân chwaith. Dwi'n credu y basa rhaid i Mam a Dad fod mewn tai gwahanol er mwyn iddi gael mymryn o lonydd. Wedi dweud hynny, mae o'n chwyrnwr da: nodyn clir bas/bariton, rhythm pendant a gwahanol *pitch* i'r sugno a'r chwythu. Mae'r brawd hyna, ar y llaw arall, yn ddifrifol: digonedd o sŵn ond yn aflafar a blêr, dim patrwm o gwbwl i'r chwyrnu ac mae hynny'n gwneud rhannu stafell efo fo'n artaith pur.

Nid chwyrnu ydi'r unig broblem. Chi yn unig a ŵyr am gastiau arbennig eich partnar ac mae ambell un yn diodde am flynyddoedd, yn rhy boleit i gwyno. (Nid pawb sydd â dynas gynnes. Mi brynodd rhyw foi dwi'n ei nabod wely dŵr er mwyn rhoi mwy o sbeis yn ei briodas; weithiodd o ddim oherwydd mi rewodd ochr ei wraig yn gorn.) Sôn am rewi, faint ohonoch chi sy'n cysgu efo rhywun sydd yn dwyn y *duvet*? Faint sy'n deffro yn oriau mân y bore hefo drafft o amgylch y *vitals*, mynydd o ddillad yr ochr draw i'r gwely a synau dedwydd i'w clywed dan y twmpath?

Cysgu o gornel i gornel ydi un cast arall. Mae'n amhosib cysgu efo rhywun sy'n mynnu hawlio llinell letraws ar draws y gwely; does 'na nunlle i roi'ch traed.

Be am rannu gwely efo rhywun sydd heb dorri ewinedd ei draed/thraed? Mae cael crafiad damweiniol ar eich coes unwaith yn iawn, ond mi fedrwch godi'r bore wedyn efo cluniau fel map strydoedd cefn Lerpwl.

Ydach chi 'di cysgu erioed efo rhywun sy'n tuchan? Mae rhyw ochenaid bach rŵan ac yn y man yn iawn, ond mae amseru'r tuchan yn gallu bod yn artaith: fel mae llwch cwsg yn hel mae 'na ebychiad bach yn eich deffro a rhaid i chi ddechrau o'r dechrau eto gan wybod yn iawn fod yn rhaid cysgu cyn y pwl nesaf. Be sydd yn waeth na thuchan hyd yn oed ydi rhywun sydd yn mwmblan yn ei gwsg/chwsg, a tydi'r geiriau ddim cweit digon eglur i ddechrau ffrae y bore wedyn, er eich bod chi'n dal i led ama nad y chi oedd gwrthrych y freuddwyd . . .

Ydyn, mae castiau cysgu angen eu hystyried yn ddwys cyn mentro ar bartnar. Mae ambell un isio cwtsh wrth glwydo, eraill isio llonydd, eraill wedyn yn methu'n lân â phenderfynu, a siawns gen i nad yw pobol sy'n codi'n hynod o gynnar yn aros yn y ciando'n ddigon hir i gnesu'r fatras.

Falla mai fan hyn y dylswn i egluro fy mod i (yn anffodus) wedi rhannu cwsg efo mwy o ddynion nag o ferched – hynny fwy i wneud â'r ffaith fy mod yn un o bedwar o hogiau, ac wedi treulio blynyddoedd lawer yn dilyn chwaraeon, nag unrhyw ogwydd rywiol. Ond mae hyn yn golygu fy mod i mewn sefyllfa berffaith i roi cyngor ar rannu efo dyn (peidiwch da chi â dilyn y cyfarwyddyd os ydach chi o'r rhyw deg!). Y cyngor yw hyn: pe baech chi, trwy ryw drychineb neu ar drip rygbi, pêl-droed neu golff, yn gorfod rhannu gwely dwbwl efo dyn arall, byddwch yn bowld. Dyma sydd raid i chi wneud: diffoddwch y golau, rhowch goblyn o sws iddo fo a dymuno nos da. Mi fydd o'n effro drwy'r nos yn poeni ac mi gewch chi'r gwely i gyd i chi eich hun i gysgu'n dawel. Oes, mae 'na sawl ffordd o gael Wil i'w wely ac eraill i'w gadw yn ei le.

Gwagio

Dwi 'di bod yn symud dodrefn, gwagio tŷ i fod yn fanwl gywir, a phan rydach chi'n cyrraedd fy oedran i, mae gwagio tai yn dasg gyfarwydd.

Tydio'n od pa mor sydyn mae tŷ yn medru colli'i gymeriad? Waliau a oedd unwaith yn diasbedain gyda sŵn chwerthin bellach yn foel; llofftydd a fagodd y

cywion yn wag a digysur, sgwariau diarth lle bu lluniau'n crogi am flynyddoedd, a llwch yn ymgasglu ar luniau hoff nai neu nith, oedd wastad yn destun balchder. Mae naws y lle a'r ogla'n newid: ogla llwch sy'n treiddio drwy'r cwbwl bellach, llonyddwch yn gorchuddio'r cyfan a llonydd fydd popeth hyd nes daw'r meistr newydd i'w adfywio.

Tydi'r tŷ ddim yn colli'r cyfan, dim ond haen arall fydd o, strata yn hanes y brics a'r mortar; tydi hi byth yn bosib dileu popeth. Mae gan dai ogla unigryw eu hunain.

Mae 'mrawd bach yn byw yn nhŷ Taid erbyn hyn a dwi'n dal i allu ogleuo baco yn y stafell ffrynt er nad oes neb 'di tanio cetyn yno ers dros ugain mlynedd. Ogla gwair sydd yn nhŷ'r brawd mawr, bwthyn wedi'i addasu o'r sguboriau lle roeddan ni'n chwarae'n blant. Mae 'na atgofion hapus yn ddwfn yn eu gwneuthuriad, ac yn dawel bach, dwi'n licio meddwl nad oes neb arall, dim ond y fi, yn gallu ogleuo'r gwair a'r baco.

Mae gen i hawl deuluol i ymweld â'r aelwydydd yna. Mi ga i groeso dim ond am fy mod i'n frawd; nid dieithryn ydw i ond ymwelydd yn falch o weld aelwyd yn datblygu. Ond mae gwagio tŷ yn wahanol. Rydan ni'n procio yng ngolosg y gorffennol, yn chwilio am wreichionyn o atgof, yn didoli trysorau teuluol sy'n ddibwys ac yn ddi-nod i eraill. Oherwydd fod teuluoedd fwyfwy ar wasgar, mae'n digwydd yn amlach, pobol yn cymryd popeth o bwys efo nhw a chefnu ar eu gorffennol, torri cysylltiad nid yn unig â thŷ ond ag ardal hefyd. Pwy aiff yn ôl i fro ei febyd os ydi'r pobol â'i magodd wedi mynd?

Peth arall sy'n diflannu ydi persbectif y gorffennol, fel toreth o luniau heb unrhyw fath o eglurhad pwy ydyn nhw na beth sydd ynddyn nhw, na pham y cawson nhw'u tynnu yn y lle cyntaf. Roeddan nhw'n ddigon pwysig i'w cadw ond doedd dim angen catalog ar y pryd, nagoedd? Roedd pawb yn gwybod mai Anti Gini oedd honna yn yr het wellt, Anti Annie yr un mewn sbectol ac Yncl Willie yn y dici bo. Dieithriaid llwyr ydyn nhw bellach, fel y lluniau o'r sowldiwrs yn rhyfel cartre Mericia gynt a orffennodd mewn cwareli tai gwydyr oherwydd nad oedd neb yn cofio nag yn hidio sleids o bwy oeddan nhw.

Pan gyrhaeddis i'r tŷ ddydd Llun, adfeilion o aelwyd oedd yna, casgliad o greiriau gwerinol. Mi rois i glo ar gyfnod, y gwagio wedi troi'r cartref yn dŷ a'r aelwyd yn adeilad. Rhyw ddydd, yn y dyfodol agos gobeithio, mi gaiff y broses ei gwyrdroi ac mi fydd y tŷ yn gartref eto.

Eyresie yn y Stadiwm

Tydi hyn ddim yn digwydd yn aml ond mi hoffwn i ymddiheuro. Ga i ymddiheuro i bawb oedd yn Stadiwm y Mileniwm ddydd Sadwrn diwethaf wrth i Ysgol Llanhari herio Castell Nedd. Ga i, yn arbennig, ymddiheuro i rieni myfyrwyr Coleg Trydyddol Castell Nedd am enllibio eu hepil; i'r dyfarnwr a'r llumanwyr am amau eu gallu a'u llinach; i'r criw o Lanelli steddodd yn ddi-gŵyn yn lle gofyn am *ear-plugs*, ac yn bennaf oll i Emlyn am yr embaras. Mi ddoth Emlyn, yn gwbwl ddiniwed, i wylio gêm rygbi. Mi sgwrsiodd yn gwrtais ac mi adawodd yn welw gyda digon o ddeunydd i sgwennu doethuriaeth

21

ar effaith chwaraeon ar bobol sydd, ar yr olwg gyntaf, yn syber a chyfrifol.

Dwi ddim yn gwybod be ddoth drosta i, dwi 'di crwydro'r byd yn gwylio gêmau llawer iawn mwy cyffrous, dwi 'di gweld Cymru'n cael cam (yn boenus o aml), Everton yn colli yn erbyn Lerpwl yn Wembley, a Bangor ar dramp yn Ewrop. Ond mae'r ffaith fy mod i'n gweithio yn ystod y gêmau hynny wedi llwyddo i gadw'r caead ar y sosban rywsut. Dim ond ffrwtian ar gyfer y gwrandawyr fydda i. Ond, dydd Sadwrn diwethaf, ar ddiwrnod rhydd, doedd dim angen radio i glywed y mochyn ymysg perlau dosbarth canol Cymry Caerdydd.

Roedd Ysgol Llanhari yn chwarae yn rownd derfynol Cynghrair yr Ysgolion ac roedd Eyresie yn chwarae. Rŵan, mae Eyresie yn byw rownd y gornel, mae ganddo fo lais sydd yn dechrau yng ngwadnau'i sgidiau a ddim yn dod yn uwch na'r cria; mae dwy sill yn sgwrs ac mae'n crwydro i mewn ac allan o'n tŷ ni fel Ladi Wen Llancaiach Fawr, byth yn aros am fwyd ond ma'i lygaid o'n sgleinio pan mae'r bêl rygbi tu ôl i'r drws ffrynt, a dwi'n argyhoeddedig y basa marcia ysgol Bŷch yn well o lawer pe na bai Eyresie yn ei hudo fo i'r stryd i chwarae. Siawns na fasa bloda Mr Jones drws nesa mewn gwell cyflwr hefyd, ond mater arall ydi hynny.

Roedd Mawr yn gweithio, felly dim ond Bŷch a fi aeth i weld Eyresie ar yr erw las. Roedd o i fod ar *Heno* hefyd ond, allan o ysgol gyfan, dim ond Aled a Mr Roberts lwyddodd i yngan mwy na thri gair. Wedi gweld maint tîm Castell Nedd, mi fedra i weld pam hefyd. Does gen i ddim syniad be maen nhw'n fwyta i lawr fanna ond mae'n hen bryd i famau Llanhari anghofio am gyfri calorïa a chanolbwyntio ar fagu rhywbeth sydd yn taflu rhywfaint o gysgod. Roedd dau brop Castell Nedd fel ambell ferch dwi wedi eu nabod – ddim yn sytl iawn, ond mam bach! rydach chi'n cael gwerth eich arian.

Mi ddaru sawl mam ddiodde wrth wylio'i mab bach yn rhoi ei ben ar y bloc yn ystod y gêm. Cymaint oedd yr ing, fe aethon nhw'n un fflyd am eu *gin'n tonics* jest cyn hanner amser a cholli Llanhari yn ildio cais allweddol. Roedd hi fatha Dafydd a Goliath, pymtheg Dafydd Llanhari yn erbyn pymtheg Goliath Castell Nedd, efo un gwahaniaeth sylfaenol: Goliath gariodd y dydd.

Ail reng oedd Eyresie ond roedd angen ystol i gystadlu yn y lein a mwya'n byd o'n i'n sgrechian, mwya'n byd o embaras gafodd Bỳch a lleia'n byd o groeso ges i gan y dorf. Roedd hyd yn oed Emlyn, sydd yn ddyn hynod o ffeind ac yn Gristion i'r carn, yn difaru ei fod o'n nabod yr ynfytyn wrth ei ochr. Dwi'n medru bod yn bwyllog, yn syber ac yn gyfrifol ond gan nad oedd y Mawr na Bỳch byth am berfformio yn y Stadiwm, Eyresie oedd yr agosa ddown i fyth at gysylltiad a phan ddisgynnodd o dros y lein o ddwy lath i sgorio cais mi fysach chi'n taeru ei fod o wedi gwau ei ffordd o'r llinell hanner. Dwi'n siŵr iddo fo 'nghlywed i'n gweiddi oherwydd mi drodd y ffordd arall. Yn sicr mi glywodd Emlyn, a dwi'm wedi cusanu cymaint o ddynion diarth yn fy myw. Fedra i ddim dallt y bobol 'ma sy'n ysgwyd llaw a llongyfarch, mae angen emosiwn i ddathlu a chredwch chi fi, roedd 'na emosiwn ar waethaf ambell wg gan famau sidêt oedd yn poeni am eu gwŷr ym mreichiau dieithryn.

Er gwaetha'u hymdrech mi gafodd y tîm druan gam,

ond mi sgoriodd Eyresie gais ac os ewch chi i'r Stadiwm rhyw dro, crwydrwch draw i bloc L6 lle ro'n i; mi fydd y waliau'n diasbedain am genedlaethau i ddod. Gw on, Eyresie!

Ysgol Dyffryn Ogwen

Ysgol Gynradd Gymraeg St Paul tua 1966
(rhes flaen, ail o'r dde).

Ar Gwenlyn Parri roedd y bai. Gan ei fod o'n gyn-athro yn Ysgol Dyffryn Ogwen, mi siarsiodd o Nhad i'n hel i i fanno yn hytrach nag i Ysgol Ramadeg Friars, lle basa pethau wedi bod tipyn haws dan aden fy mrawd mawr. Mi dreulis i haf anghynnes iawn yn poeni am y peth.

Roedd criw ohonon ni o Ysgol Gymraeg St Paul yn mentro i fyny'r dyffryn oherwydd fod addysg ddwyieithog ar gael. Daearyddiaeth, Ysgrythur a Chymraeg oedd yr unig bynciau mewn gwirionedd lle roedd yr addysg yn iaith y Nefoedd. Geog, Scrip. a Welsh oeddan nhw i ni, ac roedd 'na eglurhad yn Gymraeg i'r pynciau eraill, ond doedd dim amheuaeth ynglŷn â iaith yr iard. Dwy iaith mewn gwirionedd: Cymraeg a chadw'n fyw, ond mi ddo i at hynny yn y man.

Roedd gwraidd yr ofn yn amlwg; fasa waeth i ni gario cloch yn datgan ein presenoldeb ddim, oherwydd nid yn unig roeddan ni'n dod o Fangor, roeddan ni'n blant i ddosbarth canol Bangor, ac i fod yn gwbwl blaen, doedd 'na fawr o Gymraeg rhwng y dref a'r ddinas y dyddiau hynny. Roedd un yn medru ymfalchïo yng ngwrhydri ei streic a'i brwydr yn erbyn y boneddigion a'r llall yn fangre i ddysg ac Eglwys, a'i statws fel Athen y Gogledd yn glod i'w gallu a'i harian. Falla ei bod hi'n wahanol rŵan ond roedd teithio o Fangor i Ddyffryn Ogwen ar fws gwyrdd Crosville ar ddechrau'r saithdegau yn teimlo fel gadael am y Gorllewin Gwyllt mewn *stagecoach,* hefo cymylau mwg y brodorion ar y gorwel yn destun bygythiad, nid brawdgarwch.

Cyn cyrraedd y weddi yn y gwasanaeth agoriadol, roedd Stîf Gryff wedi dweud wrtha i fod Breian Tŷ'r Ysgol yn awyddus i roi cweir i mi amser cinio (mi wnes i ei ddarbwyllo i beidio drwy ddweud mai fi oedd pencampwr bocsio Bangor, celwydd pur wrth gwrs, ond mi cadwodd fi'n fyw am yr wythnos gyntaf).

Dim ond deng munud i mewn i'r wers gyntaf fe wawriodd arna i be oedd yn gwneud Ysgol Dyffryn Ogwen mor wahanol. Roedd fy nhei eisoes wedi cael ei lacio, ac roedd 'na fygythiad i wneud yr un peth i'r dannedd ffrynt yn ystod yr egwyl fore, heb sôn am y gweir amser cinio. Gwers Gymraeg oedd hi a J. Elwyn Hughes oedd yr athro, un da hefyd, yn ymwybodol iawn o'i filltir sgwâr, yn nabod ei bobol ac yn driw iawn iddyn nhw. Fawr o syndod felly bod ganddo grwsâd i addysgu mewnfudwyr am rinweddau'r Dyffryn.

Cerdd oedd y dasg gyntaf ac un oedd wedi'i dewis yn ofalus iawn i ni'r estroniaid, 'Cerdd yr Hen Chwarelwr', gan W. J. Gruffydd. Darllenwch hi rywbryd. Mae pob gair wedi'i saernïo ar fy nghof. Mae hi'n llawn o linellau fel, 'Calon hen y glas glogwyni', 'Cryfach oedd ei ebill ef a'i ddur' a 'Chwyddodd gyfoeth gŵr yr aur a'r faenol'. Delweddau'r chwarel a gorthrwm y meistr, a nodyn ychwanegol i ni hogiau Bangor: 'Carodd ferch y bryniau, ac fe'i cafodd'.

Un wers ac roedd y rhybudd allan: peidiwch mela efo'n merched ni, ac yn y saith mlynedd a ddilynodd roedd 'na sawl egwyl ginio lle bu hogiau Bangor yn dyheu am *detention* oherwydd fod un o lanciau Bethesda am waed un oedd wedi bod mor drahaus â denu calon un o 'ferched y bryniau'.

Dwi'n ddiolchgar i Elwyn Hughes am ddysgu ystod eang o lenyddiaeth Cymru i mi, o Williams Parry a Parry-Williams i Euros Bowen a Charadog Prichard, ond W. J. Gruffydd oedd y cyntaf a'r pwysicaf. Falla nad oeddwn i'n 'fachgen dengmlwydd yn edrych i'r dyfodol maith' ond ro'n i'n ddeuddeg oed ac yn ddigon hen i sylwi ar rybudd rhad ac am ddim. Ond chwarae teg, doedd hi ddim yn ysgol ryff; ysgol chwarel oedd hi, gyda'r chwarel yn y golwg drwy'r dydd.

Nid y wers Gymraeg yn unig oedd wedi'i seilio yn yr ardal, roedd yr ystafell Gelf yn edrych allan ar y Carneddau. Biti nad oeddwn i'n arlunydd. Roedd Boi Geog yn hapus dyrfa wrth lenwi dwy wers cyn cinio yn canu clodydd Nant Ffrancon a Chwm Idwal ac effaith Oes y Rhew ar y tirlun, tra oedd y gweddill ohonon

Tîm pêl-droed Ysgol Dyffryn Ogwen tua 1973
(heb weld y barbwr).

ni'n poeni am effaith y bresych – a oedd yn cael ei goginio hyd farwolaeth yn y ceginau drws nesaf – ar ein stumogau. Does 'na'r un ysgol gyda golygfeydd gwell na Dyffryn Ogwen – Carnedd Dafydd, Carnedd Llywelyn a Phen yr Oleuwen – ond pan mae'r rheini o'r golwg yn y niwl, a'r glaw yn chwipio ponciau'r chwarel yn ogystal â Chae Top, lle mae Joe PT wedi'ch hel chi mewn pâr o siorts gwirion, buan iawn rydach chi'n pitïo na fasach chi mewn Grange Hill ddinesig.

Daeth yr athrawon hyn i gyd yn agos at grisialu cymuned yr ysgol arbennig yma, ond Willias Met aeth â hi. Fues i erioed fawr o giamstar ar waith metel. Ar gyfer fy arholiad Lefel O mi lwyddais i losgi procer yn fy mhrosiect cyntaf erioed yn y gweithdy, a hyd y gwn i does neb arall wedi llwyddo i wneud hynny.

'Gaff'. Be 'di 'gaff', medda chi? Bachyn mawr metel sy'n cael ei ddefnyddio i botsio. Roedd Willias Met wedi'i gweld hi. Pa bwrpas dylunio rhywbeth i ddal bocs matsys neu lythyrau? Wfft i geiliog gwynt, mae 'gaff' yn fwy defnyddiol, yn dal dychymyg, ac roedd pob bachgen yn nosbarth 1A1 yn yr afon efo'i 'gaff' newydd yn hela pysgod dros y Sul, ac yn canmol Willias i'r cymylau.

Mae 'na restr go deilwng o *luminaries* gan Dyffryn Ogwen – John Ogwen, Gwyn Parry, Margaret Pritchard, Aled Glynne, Aled Samuel, Maffia Mr Hughes, a dwi ddim yn ama na fuo o leia un aelod o'r Super Furry Animals yno ers i mi adael. Cofiwch chi, mae 'na filoedd wedi mynd ers i mi adael, ac wedi gwneud mwy o argraff.

'Bydded Goleuni' oedd arwyddair yr ysgol ond ychydig iawn o farc wnes i yng Ngwlad y Rasta Gwyn. Mi ges i naw deg dau yn fy arholiad ffug Lefel A Ffiseg, ond waeth i mi gyfadde rŵan (ac am y tro cyntaf) mai dwyn y papur o'r copïwr wnes i, a'r gamp fawr oedd peidio cael cant.

Rhaid dweud mai prin iawn oedd y ganmoliaeth gefais i erioed yn Ysgol Dyffryn Ogwen. Toeddwn i ddim yn ddisgybl disglair nac yn un didrafferth chwaith, ond roedd Joe PT yn medru dibynnu arna i ar y cae athletau a'r cae pêl-droed, a thrwy hynny fe ges fy nerbyn i frawdoliaeth Bethesda. Pe bawn i'n gorfod cyffelybu'r lle i unrhyw beth, i ddraenog fasa hwnnw – yn gynnes ac yn ddiddos ar y tu fewn ond yn bigog ar y diawl i estroniaid.

Mae 'na ddeng mlynedd ar hugain ers i mi adael ond dwi'n dal yn ddiolchgar am wersi sydd wedi para hyd heddiw, addysg ffurfiol, anffurfiol ac ambell wers gostiodd glais. Roeddan nhw'n ddyddiau da. Dwi'n sylweddoli rŵan faint o ymroddiad oedd gan yr athrawon ond mae'n rhaid fy mod i wedi gwneud rhywbeth mawr o'i le – dwi erioed wedi cael gwahoddiad 'nôl!

Y Wincar

'Dydi hi'n od sut mae'r pethau mwya twp yn medru ymyrryd ar feddwl dyn, sut mae 'na ddolen gyswllt rhwng y pethau rhyfedda. Teithio i'r gogledd roeddwn i i dreulio cyfnod efo Mam a Dad. Wedi awr neu ddwy o bendroni pam fod defaid y gogledd yn lanach na rhai'r de, a phenderfynu fod a wnelo fo rywbeth â'r ffaith eu bod nhw'n cael eu golchi'n amlach, dyma benderfynu torri ar y siwrne a safio pum ceiniog ar y cob trwy droi i fyny heibio'r Oakley ac anelu am y Waunfawr, trwy Feddgelert. Does 'na ddim taith brydferthach yng Nghymru, heibio godre'r Wyddfa, Llyn Cwellyn a Llyn y Gadair. Trio cofio ambell gwpled fan hyn a fan draw, boed am y llyn, yr Wyddfa neu gŵn defaid, a damio nad oes casgliad o farddoniaeth Cymru yn y lle chwech adra lle dwi, fel sawl un ohonoch chi mae'n siŵr, yn gwneud y rhan fwyaf o 'narllen. Os basa ni wedi dysgu englyn ar bob ymweliad, meddyliwch cymaint cyfoethocach fasan ni. Mae 'na lot o amser yn cael ei wastraffu mewn lle chwech, waeth i chi heb â smalio nad ydach chi'n ei ddefnyddio fo, felly manteisiwch ar yr amser.

Lle o'n i dwch? 'Na ni, Rhyd-ddu, ac yn ôl fy arfer yn methu cofio ai plac i goffáu T. H. Parry-Williams ynte R. Williams Parry oedd ar yr ysgol, a bron â llorio rhyw wreigan wrth swyrfio'r car i weld. Yn sydyn reit, heb unrhyw reswm o gwbwl, fel seren wib hyd yn oed, mi trawodd fi – tydi'r Wincar byth yn gweithio ar fore dydd Gwener. Roedd hi'n amen wedyn. Be mae'r Wincar yn ei wneud ar nos Iau sy'n ei rwystro fo rhag codi ar fore Gwener? Mae o yno bron iawn bob bore arall. Ac yn bwysicach, ydi o'n wincio ar y radio, a pham bod o'n wincio o gwbwl? Bob tro dwi'n siarad wyneb yn wyneb hefo Gary Owen tydio ddim yn wincio arna i, felly oes 'na ryw neges gudd ar ddiwedd Newyddion y teledu? Dwi'n gwybod fod hanner Merched y Wawr Cymru 'di mopio efo fo, felly ai'r winc sy'n gyfrifol am hynny? Yn sicr, does 'na ddim pwynt cael bron i lond pen o wallt os mai'r Wincar sy'n tynnu'r merched! Mi glywais sôn fod y BBC am gynhyrchu fideo o'i wincs gorau hefyd. Tybed pam nad yw Dewi Llwyd wedi trio cystadlu efo fo yn y maes wincio? Fel pob mab i bregethwr, tydi hwnnw ddim yn araf i weld ei gyfle (roeddan ni yn yr ysgol efo'n gilydd cyn iddo fo fynd yn posh a symud i Friars, a finna'n mentro at y werin yn Nyffryn Ogwen).

Ydi o yn y sgript? 'Dyna'r cyfan o'r adran newyddion heno, oddi wrth y tîm i gyd, Nosweth dda. Winc!' Ches i byth ateb ganddo fo. Erbyn i mi orffen pendroni dros hyn yn y car, roedd y daith ar ben. Siwrne sydyn, diolch i'r Wincar yn y wasgod werdd.

Pacio

Sydney am fis. Dyna oedd y cyfarwyddyd a 'toedd hynny'n swnio'n grand? Gêmau Olympaidd arall i ddilyn Barcelona ac Atlanta ond yr un oedd y broblem.

Dwi'n hoffi teithio; mi fasa swydd efo *Pacio* yn fy siwtio fi i'r dim, ond yn anffodus y pacio ydi'r bwgan mawr. Doedd Belarus fawr o drafferth, er mi wnes i dalu efo'r ffliw am anghofio fy nghôt, ond sut ar y ddaear ydach chi'n paratoi ar gyfer bron i fis yn Awstralia? Yn enwedig pan mae gan y gath fwy o syniad ynglŷn â *nuclear physics* na sydd gen i o sut i ddefnyddio hetar smwddio.

Ar ben hynny i gyd mae gen i dros ddwy stôn o offer sain i'w gario. Yn ôl y cynhyrchydd mae'r peiriant recordio yn bwysicach na phâr ychwanegol o sanau a thrôns, a fydd dim angen dillad crand oherwydd na fydda i'n mynd i unman fydd yn teilyngu'r *'glad rags'*.

Dwi wedi bod i ffwrdd am fis o'r blaen ond does gen i ddim system ar gyfer y pacio. Gweddol ffwrdd â hi ydi'r cwbwl. Mae Jimmy Saville yn teithio i bob man efo un pâr o drôns, un pâr o sanau a thracwisg, ond mae dyn y sigâr yn fwy o giamstar na fi pan ddaw hi at olchi dillad. Mae eraill yn pacio popeth ac yna'n gadael traean ohono fo adra. Mi driais i hynny unwaith ond roedd y traean oedd adra yn cynnwys y bag molchi, y siafiwr a'r unig sgidiau ysgafn oedd gen i. Dwi hyd yn oed wedi mynd i'r drafferth unwaith o weithio allan be i'w wisgo ar bob diwrnod dwi dramor, ond mi redais allan o ddillad ar ôl pythefnos.

Yr unig ateb ydi gohirio hyd y funud olaf, taflu popeth yn bendramwnwgl i'r bag a gadael y cynnwys i ragluniaeth. Mae 'na ddigon o grychau ar fy nghorff i felly dydi o fawr o ots a ydi'r dillad yn cyd-fynd â'r corff ai peidio.

Peidiwch â chamddeall i, dwi'n licio edrych yn smart. Mae'r brodyr Hardy'n medru cario eu dillad yn reit dda, ond mae fy rhai i rywsut yn colli'r sglein ar eu ffordd allan o'r wardrob a waeth pa mor ddrud y dilledyn, rhyw ben punt a chynffon ddimai ydw i.

Un broblem arall wrth deithio ymhell ydi paratoi ar gyfer gadael. Faint o siopa sydd angen ei wneud a pha ddillad ydach chi am eu gwisgo yn yr wythnos cyn ymadael – rhai y medrwch chi eu golchi cyn cychwyn neu rai rydach chi'n eu gadael ar ôl? Ar fwy nag un achlysur, dwi wedi gorfod gadael hoff bâr o drowsus adra oherwydd ei fod o'n sglyfaethus ac mae'r rhewgell wastad yn broblem. Dan ei sang bob tro ac fel arfer does 'na ddim byd ynddi heblaw golau.

Roedd y gath i fod i fynd ar ei gwyliau hefyd ond am ryw ryfedd reswm mae Bỳch yn gwrthod gadael i mi roi Jack yn y *cattery*. Dydi o'n poeni dim pan fydda i'n gorfod mynd i ffwrdd am fis ond mae o'n mynnu fod y gath yn cael tendans. 'Siawns na fedri di edrych ar ôl dy hun!' oedd yr ymateb swta pan gwynais i am yr anghyfiawnder.

Mi ga i sawl pwl o hiraeth, dwi'n gwybod hynny'n barod. Mi fydda i'n dathlu pen-blwydd ar dir estron ac mi wna i ddathlu i'r eitha hefyd, ar yr amod fod gen i gwmni a rhywbeth i'w wisgo!

Ymweliad Mam

Mae Mam yn landio heddiw ac mae'n banic yn tŷ ni, ond nid ymysg pawb cofiwch chi. Mae gan Mawr ddigon ar ei ddwylo efo'i job newydd ac mae Bỳch yn mynnu fod pwysau TGAU yn ei rwystro rhag poeni am unrhyw beth arall – doedd dim golwg poeni arno fo tra oedd o'n cicio pêl yn yr ardd gefn y diwrnod o'r blaen. Addysg Gorfforol ydi'r ail arholiad medda fo yn giwt i

gyd! 'Addysg Grefyddol 'di'r cyntaf,' medda fi, 'cofia fynd i'r Tabernacl dydd Sul.' Un i mi ond anaml iawn y bydda i'n ddigon siarp i ennill y pwynt ac mae'r frwydr, heb sôn am y rhyfel, wedi'i hen golli.

O leia dwi'n iawn efo Mam. Gwyn y gwêl y frân ei chyw, meddan nhw, ac er ei bod hi wedi magu pedwar cwcw go iawn, fedrith yr un ohonon ni ei siomi. Rydan ni wedi trio ond mae'n sydyn i fadda a phan, fel fi, 'dach chi'n byw ddau gan milltir i ffwrdd, mae'n hawdd iawn bod yn gyw claerwyn.

Lawer tro mae'r brodyr eraill wedi cwyno bod y llo Pasgedig yn cael ei ladd pan dwi ar ymweliad â Llwyncelyn, ond ai arna i mae'r bai nad ydyn nhw wedi mentro'n bell o'r ffedog, ac ydw i'n cwyno pan mae hi'n gwarchod eu plant nhw? Mi gostiodd ffortiwn i mi gael gwarchodwyr dros y blynyddoedd! Dwi wedi talu am giamocs dwy genhedlaeth o bobol ifanc gan fod pob noson allan yn costio dros ddeg punt, a *double time* ar ôl hanner nos – tydi Mam erioed wedi codi *double time* am unrhyw beth.

Mae Dad yn dod i lawr hefyd ond tydi hynny'n ddim byd newydd, a phrin fod angen gwneud y *low dusting* pan mae o o gwmpas; mae Dad yn cario'i lanast ei hun o gwmpas efo fo. Ddudith Mam ddim byd ond os gwela i hi hefo hwfer yn ei llaw dwi wedi methu. Pe bawn i'n medru ffeindio'r hwfer mi faswn yn ei guddio fo ond mae o wedi diflannu i rywle a does gen i ddim ond rhyw awr i'w sbario cyn hel fy nhraed am y gwaith ac mae 'na waith dyddiau o llnau ar y tŷ.

Dwi wedi bod yn Tescos ac mae 'na fwyd yma; potel fach werdd i'w chadw hi'n ddedwydd cyn noswylio; poteli o Pledge ag oglau neis di-ri ond dim tatws, moron na bresych, ac ar hyn o bryd does gen i ddim byd i fynd efo cig oen Dic Wyau. Mam ddoth â'r cig i lawr y tro diwetha felly Mam gaiff yr Oen Pasgedig, ac o leia mae hi'n gwybod os ydw i'n ei siomi bod ganddi dri mab arall yn barod i wneud iawn am hynny.

Y peth cyntaf i wneud ydi penderfynu a ydach chi i fod i ddystio neu hwfrio gynta; siawns bod yna lyfr yn rhywle ddudith wrtha i.

Colli Jac

Tydi'n rhyfedd sut mae'r Nadolig yn troi'n angof ar droad blwyddyn. Mi gawson ni Ddolig gwerth chweil, galwodd Siôn Corn acw ac mi gafodd Mawr a Bỳch ddigon o anrhegion i lwytho unrhyw sach, ond mi dybiwn i y basa'r ddau yn ffeirio'r cwbwl am un dymuniad yn y Flwyddyn Newydd.

Mae Jac ar goll. Fi welodd o ddiwetha, ac mae'r amheuon wedi dechrau'n barod oherwydd nad ydi Jac a fi yn ffrindiau pennaf, ond wir yr, faswn i byth yn ei andwyo, rhag ofn i mi frifo'r plant.

Rhag ofn nad ydach chi'n wrandawr cyson, Jac ydi'r gath ddaru bi-pî ar fonet y car fel bod yr ogla'n cael ei sugno i mewn i'r system wresogi; Jac sy'n gadael anrheg bach ar y carped bob tro mae o'n teimlo'i fod o wedi cael cam, megis yr wythnos iddo golli ei *crown jewels* wedi ymweliad â'r fet.

Does gen i ddim amheuaeth nad ydi Jac yn bwysicach i'r aelwyd nag ydw i. O fewn diwrnod iddo ddiflannu mae Bỳch wedi dechra poeni. Mi fues i yn Sydney am fis heb iddo fo boeni blewyn ond mae'n rhaid i mi gyfadde fy mod innau'n dechrau gweld isio'r lwmpyn blin, er ei fod o'n gadael ei flew ar bob dodrefnyn. Mae o wedi diflannu o'r blaen ond ddim am gyhyd, a gyda chymaint o bobol ar wyliau falla'i fod o wedi mentro drwy gat-fflap neu i garej ddiarth a'i fod o'n sownd yno heb fwyd na diod. Nid bod hynny'n broblem chwaith, mae ganddo fo ddigon o floneg i'w gadw'n ddedwydd am gyfnod maith. Mi fasan ni jest yn licio gwybod lle ar y ddaear mae o er mwyn i ni stopio poeni.

O nabod Jac, mae o ar hyn o bryd yn cysgu'n sownd mewn basged newydd, gyda choler newydd a pherchennog newydd, heb falio dim amdanon ni. Os ydi o, dyna'r tro ola dwi'n prynu anrheg Dolig iddo fo. Mae hyn yn *typical* o'r Hardys! Byth yn ffonio, byth yn sgwennu, dim ond poeni o ble daw y pryd nesaf.

Ta waeth, os gwelwch chi gath ddu a gwyn, efo coler goch, sy'n eich anwybyddu bob tro rydach chi'n galw Jac arno fo, rhowch alwad. Mae 'na ambell un yn tŷ ni isio fo'n ôl.

Gwisg ysgol

Welsoch chi *Uned Pump* ddoe? Roedd gen i reswm arbennig dros wylio, ond dwi'n ei wylio fo'n reit aml beth bynnag, er bod gweld y cyflwynwyr yn pwyntio ata i drwy'r amser yn fy nghorddi. Trafod gwisgoedd ysgol oeddan nhw ac mi aeth hynny â fi yn syth yn ôl i fy ymddangosiad cyntaf ar y *tellybox*.

Mi ddeuda i wrthach chi pa mor bell yn ôl oedd hynny – roedd *Heddiw* yn dal i fynd, dim sôn am S4C, ac roedd 'na ryw ddwsin yn y criw ffilmio yn hytrach na'r un neu ddau gewch chi rŵan, er, wedi meddwl, falla mai'r ffaith eu bod nhw'n ffilmio yn Ysgol Dyffryn Ogwen oedd yn gyfrifol eu bod nhw'n *mob-handed* braidd.

Gwisg ysgol oedd y pwnc bryd hynny hefyd ac am ryw reswm dyma fy sodro fi o flaen y camera. Mae'n siŵr bod y cynhyrchydd yn meddwl ei fod o'n *hilarious*. Ro'n i newydd fod mewn ffeit, gwallt ymhob man, coler crys wedi rhwygo, twll mawr yn y siwmper, bathodyn yr ysgol yn hongian o bocad y blaser a'r tei wedi troi o amgylch fy ngwddw fel tasa rhywun wedi bod yn trio 'nghrogi fi. Wel, mi oeddan nhw! Yr unig awgrym wnes i ar sut i wella'r *uniform* oedd cael tei debyg i un yr heddlu, lle mae'r clips yn gollwng os ydi rhywun yn tynnu'n rhy galed.

Ydach chi wedi clywed neu ddarllen am *Just William*? Wel Just Hardy oedd hwn. Roedd Mam wedi dweud wrth bawb yn y pentre a phob aelod o'r teulu fod John bach ni ar y teledu. Mi gafodd hi haint a doedd o ddim cysur fod pob disgybl arall yn edrych yr un fath.

Y Felan

Peth od ydi'r felan. Falla bod y term yn ddiarth i rai ohonoch chi ac am wn i mai o'r gair Saesneg *melancholy* mae o'n tarddu, neu falla 'i fod o'n perthyn i ryw air arall; yn sicr tydi o ddim yn y *Geiriadur Mawr* sydd gen i adra, ond mae unrhyw un sydd wedi cael ei gyffwrdd ganddo yn gwybod yn union be ydi o.

Mae o'n cydio heb unrhyw rybudd, ac yn aml iawn heb reswm. Un diwrnod mae popeth yn hynci dori a'r eiliad nesaf mae 'na dristwch mawr yn cydio, rhyw ddihidrwydd anesboniadwy sy'n gosod cwmwl du dros yr haul. Mae pawb yn diodde o'r felan o bryd i'w gilydd. Mae hyd yn oed y rhai mwyaf harti yn ein mysg yn cael pwl bach tawel; yn aml iawn y rhai mwyaf swnllyd sy'n cael y pyliau gwaethaf, a does dim amdani ond disgwyl i'r rhod droi a rhoi haul ar fryn. Dyna un peth am y felan, rhywbeth dros dro ydi o. Mae cyfnod hir yn salwch, ond fydda i ddim yn ystyried y felan arferol yn afiechyd, dim ond yn gyfnod i'r corff a'r meddwl droi i mewn a myfyrio, ac yn amlach na dim, mae'r haul a ddaw yn ddigon i'ch perswadio chi nad yw pethau cynddrwg wedi'r cyfan.

Os meddyliwch chi'n ôl i'r adeg pan nad oeddach chi ddim cweit yn chi'ch hunan ddiwethaf, mae'n siŵr nad oes ganddoch chi'r syniad lleiaf beth oedd o'i le. Mae'r rheswm yn angof ac mi all fod mor syml â chyfnod o dywydd, dadl deuluol, pwysau gwaith neu hyd yn oed rywbeth sy'n hollol, hollol ddibwys i unrhyw un arall heblaw chi, ac mae'r rhwystredigaeth o fethu egluro'r cyfnodau tawel yn ddirdynnol.

Roedd rhai o bobol y wlad erstalwm yn cymryd at eu gwelyau pan oedd y gaeaf yn cydio. Wel, roedd y cnwd wedi'i gynaeafu a dim i'w blannu tan y gwanwyn, felly pa well lle i fod? A tydio ddim ond yn dynwared yr anifeiliaid, sy'n ddigon call i gysgu drwy hirlwm y misoedd pan fydd yr haul yn gwrthod cynhesu'r tir.

Mae diffyg ar yr haul yn effeithio ar lawer. Prin ydi'r felan yn Awst ac mae'n rhaid cyfadda mai hirlwm y gaeaf sydd anodda i mi'n bersonol. Dwi'n hoff o gael gwres ar fy ngwar, dwi ddim yn ddyn Nadolig ac mae meddwl am rewynt a barrug Ionawr a Chwefror yn gyrru ias i lawr fy nghefn. Mae lliwiau'r hydref yn aml yn dynodi newid yn fy nhymer a does dim yn waeth am godi'r felan na chodi yn y bore a gwybod bod pen-blwydd arall wedi pasio a finnau'n nes at y bedd na'r crud.

Daliwch i wenu.

Tywydd Poeth

Ddaru chi ddeffro'r bore 'ma efo'ch gwely'n wlyb ac anghynnes? Oedd y cynfasa wedi oeri a cholli'r gallu i'ch temtio i droi drosodd am bum munud bach arall? Os ydach chi'n cysgu efo dyn neu ddynes gynnes mi all y broblem fod yn waeth, ond peidiwch â phoeni, nid chi ydi'r unig un. Falla bod y diwrnod hira wedi bod, sydd yn golygu, gyda llaw, ein bod ni'n dechrau cyfri at y Nadolig. Chwe mis i ddydd Mawrth gyda llaw, 27 wythnos, 192 o ddiwrnodau hyd yn oed. Peidiwch dweud na chawsoch chi'ch rhybudd gan y Cwrt Cosbi! Lle o'n i 'dwch? O, ie, gwelyau anghynnes, ronyn yn damp, a hynny oherwydd fod y tywydd wedi troi, y tymheredd wedi codi ac mae hi bron yn amhosib cysgu. Dwi'n un sy'n mynnu cysgu y tu allan i'r *duvet*, hyd yn oed ganol gaeaf, ond yn y tywydd poeth does gen i nunlle i gilio rhag y gwres. Dwi wedi trio popeth, drws a ffenest yn agored i greu rhywfaint o ddrafft; bath llugoer cyn mynd i'r gwely; hanner potel o win i helpu Huwcyn, ond dal i orwedd yna rydw i, yn troi a throsi ac yn gweddïo am ronyn o gwsg cyn i'r wawr dorri.

Dwi'n iawn os ydw i dramor am gyfnod. Mae'r corff yn cynefino ar ôl chydig ddyddia, ond pan ydan ni'n cael ambell ddiwrnod poeth fan hyn, dwi ar goll. Dydw i ddim yn gwybod a ddylwn i ddiffodd y gwres ai peidio, ac mae'r tŷ un ai fel iglw neu fecws, a tydi o ddim gwahaniaeth pa un, mae'r Mawr a'r Bỳch yn cwyno.

Dwi'n well na Dad, cofiwch. Mi aeth Holiday Ken i Almeria, lle doedd 'na ddim *air conditioning,* ac mae o wedi tyngu llw nad eith o byth eto. Mi gysgodd ar ben y gwely a chael ei gnoi gan fosgitos. Mi gysgodd ar y balconi a chael ei fwyta saith gwaith gwaeth, ac ar un adeg roedd o'n cysidro gorwedd ar y traeth lle byddai'n bosib dal awel y môr. Dwi wedi gorwedd o flaen ffan yn Singapore gan roi dŵr ar fy nghorff i drio oeri mwy. Mae rhai o'r farn y dylech chi roi powlen o ddŵr o flaen ffan i oeri stafell, ac wrth gwrs dyblu'r bil trydan.

Un syniad arall ydi rhoi rhew mewn potel ddŵr poeth. Mi fasa hynny'n iawn ar ddechrau'r noson ond meddyliwch droi arno fo mewn trwmgwsg – mi fasa'r floedd yn deffro'r stryd! Na, yr unig ffordd ydi diodde a gobeithio y parith y tywydd yn ddigon hir i ni ddod i arfer. Tan hynny mi orwedda i'n gwrando ar eraill yn cysgu. Mi fasa gen i fwy o obaith tasan nhw ddim yn chwyrnu, wrth gwrs . . .

Marwnad Jac

'Dydio'n od sut fedrwch chi gyd-fyw heb fod yn ffrindiau pennaf? Diodde'n gilydd oedd Jac a fi. Mae'n deg dweud mod i'n meddwl mwy ohono fo nag oedd o ohona i, jyst mod i wedi dysgu ei guddio fo'n dda. Serch hynny, mae'r tŷ'n wag iawn hebddo fo, ac fe gadarnhawyd ofnau pawb heddiw wedi iddo fod ar goll am dridiau.

Dim byd rhy erchyll. Roedd o wedi cadw'i oed yn dda ac yn haeddu mynd efo gronyn o urddas, yn cysgu'n drwm yn ei hoff le wrth fôn clawdd; cwsg heb ddeffro. Ac mae'r Mawr a'r Bŷch wedi wylo'u dagrau mewn seremoni syml yn yr ardd gefn.

Roedd Jac yn gymaint o wead yr aelwyd, does neb

yn cofio pryd y cyrhaeddodd o'n iawn – rhyw ddeg neu ddeuddeg mlynedd yn ôl o bosib, ac mi barodd y rhyfel rhyngddo fo a finnau yn hirach nag unrhyw un o ryfeloedd mawr y byd. Does gen i ddim co' i mi fod ar y blaen ar unrhyw adeg; ennill ambell frwydr falla, ond roedd gan Jac ffrindiau yn y mannau iawn. Mae blynyddoedd o gysgu ar wely Bỳch yn ennyn teyrngarwch aruthrol, a dyn doeth sy'n dallt y dalltings.

Doedd dim golwg fod Jac yn sâl. Prin oedd yr adegau pan nad oedd sglein ar ei gôt a gwên yn ei lygaid, ond roedd o rywsut yn sylweddoli pan oedd y tŷ ar wagio a'r teulu'n gadael ar wyliau, a hynny'n golygu newid mawr ar ei drefn ddyddiol – boed dan ofal eraill neu ar wyliau ei hunan. Mae'n gyfnod gwagio yn ein tŷ ni ar hyn o bryd. Mawr fwy neu lai wedi mynd, Bỳch yn gadael o fewn misoedd. Mae 'na awyrgylch od ar yr aelwyd, blaenoriaethau'n cael eu hailasesu, cynlluniau ar gyfer y dyfodol yn disodli'r presennol a falla, dim ond falla, fod Jac wedi sylweddoli fod y llanw'n troi.

Cyd-ddigwyddiad meddach chi. Dwi'n ama dim, ond mae greddf yn gryf, ac wrth i asbri'r ifanc gilio o Efail Isaf, faswn i'n licio meddwl fod Jac hefyd wedi gwneud ei benderfyniad. Dydw i ddim dicach; o ddewis, faswn i ddim yn byw efo fi chwaith. Pam ddyla fo rannu'i fywyd efo dyn sydd wedi treulio'i oes yn deffro cath o'i drwmgwsg a'i hel i oerfel y nos, a hynny'n ddidostur o ddifater?

Cysga di Jac, cysga'n dawel, cysga'n glyd; does neb i dy boeni di bellach.

Tacsi Napoli

Annwyl Mam,

Maddeuwch yr ysgrifen grynedig ond dwi'n sgwennu'r pwt yma yng nghefn y car. Dwi'n ymwybodol nad ydw i wedi bod yn fab i ymfalchïo ynddo ond rhywsut roeddwn i'n teimlo y basa 'na ddiwedd gwell na damwain tacsi yn Napoli, ac os na wnaiff Guiseppe gallio mi fydd y nodyn yn ewyllys!

Roedd popeth wedi dechrau mor dda hefyd. Mae hwn yn casáu'r Inglese ac am unwaith doedd dim angen sôn am Catherine Zeta, Tom Jones, Ian Rush na John Charles i egluro lle mae Cymru. Does ganddo fo fawr o grap ar Saesneg, llai fyth o Gymraeg, ac mae gen i lai o Eidaleg, ond o fewn hanner munud iddo fo danio'r injan ro'n i'n gwybod nad oedd o chwarter call ac mae'n amlwg nad ydi 'Slofa lawr, yr idiot!' wedi cyrraedd y geiriadur rhyngwladol eto.

Chwarae teg, mae o'n gwenu fel giât, giât sydd ar agor led y pen hefyd oherwydd dau ddant sydd ganddo fo, ac mi fasa'n llawer gwell gen i tasa fo'n edrych ar y lôn yn hytrach na dros ei ysgwydd bob tro mae o isio yngan rhywbeth sydd yn hollol annealladwy i gyn-ddisgybl o Ysgol Dyffryn Ogwen gymrodd Metalwork yn lle French, a'r agosa ddoth o at yr Eidal tan rŵan oedd potel o Chianti digon ciami o'r Offi ar benwythnos.

Mam! Mae o newydd fethu dynas dew yn gwthio pram, dau hen ddyn ar fagla a llwyth o blant ysgol sydd yma i weld rhyfeddodau Pompeii. O leia mae corn y car yn gweithio! Pwy bynnag ganith y corn gynta, gyflyma, gaiff y bwlch ac o'r olwg sydd ar weddill ceir y ddinas does 'na'r un cwmni siwrans yn bodoli. Wel, pan 'dach chi'n byw yng nghysgod Vesuvius, does 'na fawr o bwrpas cael *Third Party Fire and Theft*.

Mae'r traffic yn dechrau arafu rŵan a hefo gronyn o lwc mi ga i neidio allan, talu a cherdded. Mi fasa'n help pe bawn i'n gwybod lle rydw i a lle dwi'n mynd! Does bosib fod pob *cabby* mor gynddeiriog â hwn!

O na! Fasa fo ddim! Na! Mam, mae o wedi gadael

y lôn ac mae o ar reilffordd y trams! Un tram o'n blaen, un arall ddeg llath y tu ôl ac olwyn y tacsi yn sownd yn y cledrau! Ydi hwn wedi blino byw? Mae 'na dram yn dod yn syth amdanon ni. M-A-A-A-A-M . . . !

Newydd agor fy llygaid a dwi'n dal ar dir y byw. Dal yng nghefn y tacsi a Chief yn canu'i gorn a chwerthin fel rhyw iâr yn gori.

'Galles, Galles, Galles, Anthony Hopkin, 'Annibal Lecter,' medda fo. Dyna lle cafodd o'i syniadau! Epil brawychus cyfathrach rhwng Lecter a Schumacher sydd gen i y tu ôl i'r olwyn.

Mae o newydd sgrialu i stop y tu allan i westy ac wn i ddim hyd yn oed ai dyma'r gwesty iawn. Dwi'n hidio'r un ffeuen chwaith fod Guiseppe yn codi crocbris am drip oedd yn teilyngu *top billing* yn Alton Towers. Trwy ryfedd wyrth, Mam, mae eich ail fab yn dal yn fyw. Mi fydd yn rhaid i'r ewyllys ddisgwyl.

O Napoli, Ciao!

Tagfa

Ro'n i'n ista'n y car ar yr M25, ddim wedi symud fodfedd ers hanner awr ac roedd y muesli ges i i frecwast yn prysur droi'n garbod caled ym mhwll fy stumog. Roedd o eisoes wedi'n rhwymo fi'n solat a bellach roedd o'n dechrau codi pwys. Dwi'n gwybod y dylwn i drio rhywfaint o fran yn fy neiet ond dwi'n amau'r ddysgeidiaeth sy'n mynnu fod angen cylch coch ar eich pen ôl i fyw'n iach.

Dwi'n casáu bod yn hwyr, i'r fath raddau fel fy mod i wastad lot rhy gynnar; dwi'n casáu fy nghwmni fy hun ond gan fy mod i mewn busnes sydd yn ystyried bod hanner awr yn hwyr yn brydlon, dwi'n treulio lot o amser yn cicio fy sodlau. Ro'n i rŵan mewn maes parcio enfawr sy'n amgylchynu Llundain, heb obaith caneri o gadw'r apwyntiad ac roedd batri'r ffôn lôn yn fflat fel Twiggy.

Pwy arall sy'n y cwmni llon ar y lôn? medda fi wrthaf fy hun. Pwy ydyn nhw a lle goblyn maen nhw'n mynd?

Roedd 'na fan wen 'doedd . . . 'does 'na wastad fan wen hefo dreifar yn pigo'i drwyn, wedi llwyr ymgolli yn un o bleserau mawr y byd ac yn falch o'r cyfle i fanteisio ar *de-coke* i'w ffroenau. Roedd 'na Morris Minor efo un o ferched y ddaear, *earth mother* yn ei ffrog Laura Ashley a badge CND ar gefn y car. Hon oedd yn gyfrifol am gawl dail tafol Comin Greenham a gwneud brechdanau i Swampy, er y basa car sy'n chwythu gronyn llai o fwg dipyn mwy o fudd i'r amgylchedd.

Dê-owt ar yr M25 oedd bwriad y pensiwnïar gyferbyn, hefo cap stabal a sbectol. Mae hwn yn golchi'i gar tu fewn a thu allan bob Sul, ac ar ddydd Sadwrn mae o fel Madog ar ei antur enbyd. Ond doedd o'm isio gwneud dim byd yn rhy sydyn – sdim angen treulio'r gêrs nagoes – prin fod y Marina bach wedi bod yn y pedwerydd gêr o gwbwl ac roedd y pumed yn ddirgelwch llwyr iddo fo.

Lle fasan ni heb y *rep* a'i Granada? Tasan nhw'n aros adra fasa 'na ddim tagfa o gwbwl. Dyna gôt y siwt yn hongian yn y cefn. Sgwn i ga i fenthyg ei ffôn o? Na, mae o'n lot rhy bwysig i hynny, ac yn ei ddefnyddio fo'i hun. Mae'n siŵr ei fod o'n dweud wrth y wraig a'r ddau pwynt pedwar o blant ei fod o'n mynd i fod ronyn yn hwyr i swper.

Mae ugain y cant o holl ferched Prydain yn gyrru Fiesta, ac mae 'na ddwy o fewn degllath. Mam ydi un ohonyn nhw, yn manteisio ar lonyddwch y traffic i waldio'r tri o blant yn y cefn, gan wybod yn iawn fod y *child locks* yn eu rhwystro nhw rhag ffoi. Mae hon wedi cyrraedd pen ei thennyn gan fod y gwichian yn uwch na'r tâp Celine Dion.

Stiwdant sydd yn y Fiesta arall, pìn yn ei thrwyn ac yn gwneud siâp ceg i ryw gân oedd yn ei diddanu hi ond yn gyrru pawb arall o fewn clyw yn benwan. Dim ond rhyw gip sydd gen i o ddreifar y lorri, hanner ei wyneb yn y drych, digon i wybod fod hwn yn cofio dyddiau'r *convoy* a'r *rubber duck* ac yn pitïo nad ydi o ar lonydd Merica gyda *pantecnicon* a chorn stêm. Dyma i chi ddyn sy'n gwybod lle mae'r brechdanau gorau ar bob traffordd ym Mhrydain ac mae'r gwely sydd ganddo fo y tu ôl i'r sêt yn fwy moethus nag unrhyw westy dwi wedi aros ynddo fo.

Cymysgedd o deithwyr, a'r daith a phob dyhead wedi eu tagu gan draffic y draffordd. Mi glirith mewn munud, medda fi. Ddaru o ddim. Sgwenna i at John Prescott? Na, stwffio fo. Dria i'r trên tro nesa.

Angladd

Roedd o ymhell o oed yr addewid; prin wedi pasio'r hanner cant ac mewn cyfnod lle roedd mwynhad canol oed ar fin blodeuo. Disymwth ddaeth yr alwad. Dim cyfle i ffarwelio'n iawn, yn sicr nid efo fi, oedd ddim ond ar gyrion ei gyfeillion. Cydymaith y saithdegau oedd wedi ymbellhau, ond heb fod yn angof. Tridiau, tri mis, tair blynedd, doedd dim ots faint oedd ers i ni ddiwethaf gnoi cil, yr un mor rhadlon fyddai'r cyfarchiad, yr un mor ddiffuant ei holi am y teulu ac eneidiau hoff cytûn, oedd hefyd wedi chwalu i'r pedwar gwynt.

Maen nhw'n dweud bod pob angladd yn dod â'ch arch chi eich hunan yn nes. Dwi'n derbyn mod i'n nes i'r bedd na'r crud, ond mae colli cyfoedion yn sioc i'r system, yn sioc sy'n tanlinellu pa mor feidrol rydan ni i gyd, ac mae'n anodd gwybod weithiau pa drywydd i'w gymryd – mwynhau pob munud ynteu callio a sicrhau bod 'na fwy o funudau ar ôl.

Fel rheol mi a' i i ddyfnderoedd pob esgus i chwilio am reswm i osgoi angladdau. Dwi'n ddyn emosiynol sydd â chywilydd o'i emosiynau. Mae'r dagrau'n disgyn yn rhwydd, yn rhy rwydd weithiau. Tydw i ddim yn un da am wisgo lifrai galar proffesiynol a bodloni ar hynny. Mae teimladau pobol eraill yn tanio sentiment

hunanol ynof fi, ac mae fy nagrau'n dibrisio urddas y rhai sydd â'r wir golled.

Toeddwn ni ddim am fynd i'r angladd, 'Wnaiff neb sylwi,' 'Mae 'na eraill i dalu teyrnged,' 'Fysa fo ddim yn meindio a tydw i heb weld ei wraig o ers cantoedd,' oedd yr esgusodion parod.

Wedi meddwl, buan iawn y sylweddolais i nad arwynebol oedd fy nheimladau, ac mae hynny'n beth od ynddo'i hunan. Roeddan nhw'n llawer dyfnach, a chan nad ydwi'n or-Dduwiol roedd yn ysgytwad go iawn i ddyn sydd wastad wedi rhoi ei broblemau mewn bocs efo caead tynn, ac yn medru byw yn hapus o ddydd i ddydd gan droi'i wyneb at yr haul yn y gobaith y gwnaiff y cysgodion ddiflannu i flino rhywun arall. Paradwys ffŵl dwi'n gwybod, ond paradwys sydd wedi bod yn gysur ac yn dwyll am flynyddoedd lawer.

49

Roedd yr angladd yn broblem na fedrwn ei hosgoi. Roedd angen i mi fod yno, nid oherwydd yr ymadawedig, nid er mwyn cael fy ngweld, nid hyd yn oed i ddiolch am y frawdoliaeth bur gawson ni, nac ychwaith i gydymdeimlo. Dim ond i'r cyntedd ro'n i'n bwriadu mynd, cornel dywyll i ddweud fy mhwt a gadael. Isio ffarwelio oeddwn i, dyna i gyd, manteisio ar ddefod i guddio'r euogrwydd o beidio bod yn nes ato yn y dyddiau caled. O gornel y cyntedd y gwelais i'r tair – tair cenhedlaeth mewn gwisgoedd gweddwon – Mam, Gwraig a Merch mewn du, ddyddiau yn unig ers gweld diffodd cannwyll eu llygaid.

Yng ngwyneb y fath urddas, y fath gariad, pa mor ffals oedd rhyw ffarwél dila, pa mor ffug y môr o gydymdeimlad. Oedd, roedd 'na eiriau caredig, ambell ystum, gwasgu llaw, ysgwyd pen ond ddaw dim oll â'r Mab, y Tad na'r Cariad yn ei ôl.

Peidiwch wylo eich dagrau hallt, dim ond seremoni oedd y cyfan, cyfle i ffŵl fel fi gael dweud ffarwél. Tydi o ddim yma, mae'r bocs yn wag. Mae ei ysbryd a'i gariad lle maen nhw i fod, nid yma efo ni yng nghyntedd tŷ Duw ond efo'i deulu, lle nad â'n angof.

Edrych Mewn Drych

Mae'n rhaid nad fi ydi'r unig un sydd wedi wynebu creisis yn ei fywyd. Henaint ni ddaw ei hunan, meddan nhw, ond dros nos mi drois o fod yn un oedd yn ystyried ei hun yn ifanc, i adfail o ddyn oedd yn ama gwerth codi o'r gwely o gwbwl. Mi faswn i'n medru gwneud yr un peth â wnaeth Dad yn ei ddeugeiniau, sef prynu MG Midget, diflannu i weithio yn Sweden am fis a dechrau gwrando ar records ABBA. Y cyfan ddaru hynny ei gyflawni oedd ei berswadio pa mor anobeithiol oedd o am wneud pethau ar ei liwt ei hun, a thanlinellu i'r gweddill ohonon ni pa mor pathetig y gall dyn canol oed fod.

Pan oedd y 'sell by date' yn ddigon pell i ffwrdd.

Rhywsut, dwi ddim yn credu fod dilyn ôl troed Dad yn opsiwn; tydw i ddim yn edrych yn *fetching* iawn mewn pâr o fflêrs. Y dyddiau yma tydw i ddim yn edrych yn *fetching* mewn unrhyw beth a falla mai dyna ydi gwraidd y broblem. Dwi wedi pasio'r hanner ffordd i oed yr addewid a tydi pethau ddim yn edrych yn rhy addawol. Mae'r *sell by date* sydd wedi'i stampio ar fy mhen-ôl yn agosáu a rhaid cyfadda nad ydi'r cynnyrch yn edrych mor ffres ag oedd o. Prin yw'r ganmoliaeth, y cydymdeimlad a'r sylwadau cynhaliol ac mae pob sen yn ergyd farwol i'r hyder. Sut mae dynion canol oed eraill yn medru osgoi bod mor pathetig 'dwch?

Dwi'n dechrau meddwl ei bod hi'n amser i mi symud ymlaen, dechrau gyrfa neu fywyd newydd sydd yn gwbwl wahanol i'r un presennol. Dwi'n gwybod yn union be wna i, yr un peth â dwi'n wneud bob tro mae'r cnonyn yn cnoi. Dim. Mae 'dim' yn gyfforddus, tydi 'dim' ddim angen gwaith na meddwl, a dim ond i mi gael gronyn o amynedd, mi wnaiff 'dim' yn iawn yn y pen draw.

Wrth edrych yn y drych yn y bore mae'n amlwg bod yn rhaid i mi wneud penderfyniad. Dewch i ni ddechrau o'r top: o leia mae gen i fop o wallt; o' reit, mae o'n prysur fritho ond does yna'r un fodfedd o foelni. Angen ei dorri falla. Mi ddisgrifiodd *Lol* fi unwaith fel efaill Colonel Gaddafi. O fewn mis o weld y barbwr dwi'n debycach i'r Jackson 5, ond o leia mae gen i wallt. Cofiwch chi, mae moelni yn *macho*; mae dynion moel yn llawn rhywioldeb, medda'r merched.

Be wnawn ni efo'r gwyneb 'ma 'dwch? Crychau chwerthin neu grio ydi'r rheina, a sawl gên sy gen i heddiw? Dwy, tair? Gormod i'w cyfri ac mae'r dagell isa'n ymyrryd â fy mrest, a dyna i chi frest! Mi fasach chi'n taeru bod 'na fron yma sydd wedi magu llond tŷ o blant a bol sy'n cario un arall. Chwe blewyn sydd gen i, chwe blewyn fu gen i erioed. Tydw i erioed wedi bod yn ddyn blewog, ond mae un blewyn bellach yn wyn ac yn gofyn am faddeuant.

Does dim maddeuant gan y drych, dim *soft focus* i ysgafnhau'r ergyd. Lwcus mai ar y radio dwi'n gweithio gan nad ydi *widescreen* wedi datblygu digon i dderbyn yr holl drychineb. Cael a chael fasa'r hen *cinemascope* yn y pictiwrs erstalwm. Mae hyd yn oed y drych yn gwingo wrth fentro'n nes i'r ddaear: traed chwarter i dri, coesau colomen a oedd unwaith yn gyhyrog a balch, a phen-ôl sydd wedi'i effeithio'n ddirfawr gan ddisgyrchiant a'r siop têc awê lawr y lôn.

'Mae'n rhaid i mi wneud rhywbeth,' medda fi'n ddistaw bach wrthaf fi fy hun – ond mae rhywun yn rhywle'n dy garu di, John. Mae 'na rywun yn y Byd yma i bawb, hyd yn oed i chdi, yn y cyflwr yma. Os felly falla mai gwneud dim yw'r ateb eto.

Maen nhw'n dweud fod yr hen ddeiets 'ma'n beryg, yn sicr yn fwy peryglus na bod yn dew. Does 'na 'run gair Cymraeg call am *diet* ac mae hynny'n ddigon o reswm i wneud dim. A ta waeth am y drych creulon, y britho, yr henaint, y bol, y blew a'r traed chwarter i dri, mae yna un peth sy'n berffaith. Does 'na ddim o'i le ar fy ngolwg i.

Anti Annie ac Anti Daisy

Mae Bỳch a'r Mawr yn dechrau meddwl mod i'n dwlal. Maen nhw'n bendant ynglŷn â Nhad. Be dydyn nhw ddim yn ei ddeall ydi mai proses hollol naturiol ydi heneiddio a symud i'r oruwch fyd lle mae perthnasau od yn byw. Llaw ar eich calon, ydi pawb yn eich teulu chi wedi bod i ben draw'r popty? Ydi pob aelod yn hollol gall neu oes 'na nam bach wedi crwydro i'r genynnau?

Fel fasach chi'n disgwyl efo'n teulu ni, roedd gen i ddwy fodryb oedd ronyn bach yn wahanol. Dwy chwaer i Nain oeddan nhw, Anti Annie ac Anti Daisy, dwy hen ferch, nid na chawson nhw 'gynnig', chwedl Anti Daisy. Dwy oedd yn ddedwydd yng nghwmni ei gilydd, hyd yn oed yn rhannu gwely er mwyn arbed ar y gwres, a dwi'n siŵr y basa un wedi torri'i chalon pe bai'r llall wedi derbyn cynnig ac wedi hel ei phac.

Roedd Dafydd a finna'n aros yno'n aml. Roedd Penllyn, Overlea Avenue, Deganwy, a'i holl drugareddau fel tŷ'n llawn o drysor i ddau fachgen busneslyd, ac yn aml iawn roedd y ddau ohonon ni'n defnyddio'r hen gasgen fetal a'r *washboard* i hwylio rownd y byd i chwilio am Barti Ddu. Roedd fy nhaid yn weinidog ar gapel yng Nghonwy ar y pryd, ac yn aml iawn dyna lle byddai Dafydd a finnau'n ista ar setl galed rhwng Anti Annie ac Anti Daisy, un yn ein bwydo efo Mint Imperials a'r llall efo Blackcurrant Pastilles oedd wedi'u gorchuddio gan holl flewiach gwaelod pwrs.

Roedd y ddwy'n gwybod yn iawn sut i gadw plant yn ddistaw. Falla'u bod nhw'n gwisgo hetiau Ena Sharples efo pinnau oedd yn beryg bywyd, ond chollodd yr un ohonyn nhw eu direidi plentynnaidd. Wedi'r cyfan, byr oedd y cyfrifoldeb ac roedd Nain rownd y gornel yn Albert Drive pe bai yna unrhyw greisis go iawn.

Roedd Penllyn yn llawn rhyfeddodau, yn enwedig blwmars pinc Anti Annie, oedd yn llenwi lein ddillad ar ei ben ei hun. Wn i ddim be ddigwyddodd i'r ddwy iâr dsieina oedd yn gori ar ben y seidbord; siawns bod Dafydd fy mrawd, sydd yn rhinwedd ei swydd fel arwerthwr yn gwybod gwerth popeth, wedi hawlio'r rheini! Dwi'n gwybod be oedd yn digwydd i'r blymonj siocled oedd wastad ar silff ffenest y pantri, dwi heb flasu gwell na chynt nac wedyn. Ac roedd y gwely plu yn nefoedd. Ar noson Ora Pro Nobis, pan oedd y curlaw yn dallu ffenestri'r tŷ, doedd dim yn well nag agor y llenni a gwylio'r ddrycin tra'n swatio'n ddwfn yn y fatres.

Dafydd yw'r brawd hyna, felly fo oedd yn hawlio'r canol, ac roedd y pot ar fy ochr i. Doedd Anti Annie ac Anti Daisy ddim yn ein trystio ni i godi a cherdded deg llath i'r lle chwech. Yn anffodus, fyddai Dafydd byth yn rhoi'r pot yn ei ôl o dan y gwely ac mi dreuliais i fy ieuenctid efo rhyw arlliw melyn i 'nhroed chwith.

Agor y Cynulliad

Dyna i chi noson 'de? Dyna i chi uchafbwynt! Welwyd erioed y fath gyffro ac roedd y llwyfan yn deilwng o'r foment hanesyddol pan ganodd Tom Jones 'The Green Green Grass of Home'. Wel, roedd o bron cystal â gôl Ole Gunnar Solskjaer i Manchester United yn rownd derfynol Cwpan Ewrop.

Fel falla y gŵyr rhai ohonoch chi, dydw i ddim yn gefnogwr Manchester United, ond bobol bach ro'n i mewn cyfyng-gyngor nos Fercher. Gwahoddiad i'r cyngerdd mawreddog yn fy llaw ond cyfle hefyd i weld Ryan Giggs yn trio creu hanes. Mae fy nghydwybod a finna yn ddieithriaid ar y gorau, ond wir, roedd 'na bendroni. Diwrnod hanesyddol fy ngwlad a gêm hanesyddol benben â'i gilydd, ac roedd hyd yn oed yr Arglwydd Ellis Thomas yn crybwyll Giggsy cyn troi ei sylw at yr ymwelwyr.

Nid fi oedd yr unig un oedd yn diodde. Roedd yna wragedd yn ysu am fynd i weld Tom a Shirl, a gwŷr wedi eu rhwygo rhwng plesio'u hunain neu fodloni eu partneriaid. Roedd 'na *brownie points* am oes gyfan ar gael, ond O! am bris! Roedd y cyfan yn mynd i orffen mewn dagrau, beth bynnag fyddai'r penderfyniad.

Dagrau o lawenydd fel mae'n digwydd, ond mi faswn i'n crio beth bynnag; y tu ôl i'r *macho image* yma mae 'na soffti. Pryd bynnag dwi'n gweld gwir dalent mae'r dagrau'n cronni. Mae'n chwith gen i ar ôl *Pam Fi Duw*; roeddwn i'n ei wylio'n rheolaidd bob nos Iau, fi a bocs o hancesi papur, ac erbyn y diwedd ro'n i'n wylo fel babi. Peidiwch â gofyn pam; fel'na dwi wedi bod erioed, byth ers i mi weld *Kidnapped* a *Lassie Come Home*. Mae'r hogiau 'cw, Bỳch a Mawr, yn gyfarwydd â'u tad yn crio am ddim rheswm o gwbwl ac yn snwffian i'w lawes, gan nad ydw i erioed wedi cario hances yn fy mywyd. Roedd 'na ddagrau ddydd Mercher, wrth agor y Cynulliad, dagrau o weld ambell berfformiad yn y nos a lwmp mawr pan gododd y tân gwyllt mewn siâp draig i awyr y nos uwchben y Bae. Doedd dim un deigryn funud o'r diwedd ac United ar fin colli, ond roedd y ddrama o ddwy gôl mewn munud o amser ychwanegol yn ormod ac mi agorodd y llifddorau.

Mae angen i ni ddynion grio mwy; faswn i ddim mor amlwg wedyn. Felly be wnes i nos Fercher? Ymddiheuriadau Tom, ond efo Giggsy oeddwn i, ac efo Giggs fydda i tan y bydd gan Gymru lwyfan byd-enwog go iawn.

Azerbaijan

'Lle ydw i 'dwch?' Mae'n gwestiwn dwi wedi'i ofyn yn aml ym mhellafoedd byd, efo 'mhen yn troi ar ôl oriau lawer mewn awyren tra bod ambell un arall yn dathlu cyrraedd, ond dwi'n credu y medra i eich goleuo ynglŷn ag Azerbaïjan.

Amser digon caled gafodd Boi Geog efo fi yn yr ysgol erstalwm: mwy o ddiddordeb mewn sut i gyrraedd adra na pham fod y cyfandiroedd yn crwydro, ond dwi wedi talu mwy o sylw ers i Suzanne Charlton gyflwyno tywydd y byd yn oriau mân y bore. Os edrychwch chi heibio boch dde Suzanne – boch ei thin hi wrth reswm, mae'r foch arall rywle rhwng Moscow a Lapland a fawr o ddiddordeb i neb, yn enwedig rheini sy'n gwybod y bysa trigolion Lapland, gan gynnwys Siôn Corn, yn toddi yn eu cotiau mawr pe baen nhw'n digwydd dod yn agos at Baku. Beth bynnag, heibio boch tin dde Suzanne mae teulu bach y Caucases, a dyna lle mae Azerbaijan, wedi ei ffinio gan Georgia, Twrci, Armenia, Rwsia ac Iran, ac fel pob teulu arall tydi pawb ddim yn cyd-dynnu, ac yn sicr does 'na ddim Cymraeg o gwbwl rhwng Azerbaijan ac Armenia ers iddyn nhw ffraeo hyd at waed dros eu cymdogion anffodus yng ngwlad Ngorny Karabak. Fe gafodd rheiny ddewis rhwng Azerbaijan ac Armenia ond doedd hunaniaeth ddim yn opsiwn.

Mae Baku ei hunan yn debyg iawn i hen rannau o Dwrci neu Groeg. Oes, mae 'na Albanwyr a Saeson yn morio ym mhres yr olew, ond er fod y ddinas wedi osgoi cyflafan rhyfeloedd byd mae wedi graddol ddadfeilio dan adain Comiwnyddiaeth.

Hei! Doedd bywyd byth yn mynd i fod yn fêl i gyd os oeddach chi'n ddigon ffôl i garcharu Joseph Stalin. Fe wnaethon nhw drio achub eu cam drwy adeiladu'r Stadiwm Genedlaethol ar ffurf C Sirilaidd sydd, yn ôl pob sôn, yn golygu Wncwl Joe, ond doedd dim yn tycio a brwydr yw hi bellach i ailgydio yn eu cenedlaeth-oldeb. Er enghraifft, mae'r cae wedi'i enwi ar ôl un o wŷr mwyaf hynaws byd chwaraeon Azerbaijan, Tofig Bharamov, ond i bawb arall fo oedd y boi o Rwsia roddodd gôl i Loegr yn rownd derfynol Cwpan y Byd ym 1966, ac er bod Gary Kasparov yn byw yn Baku, chwaraewr gwyddbwyll o Rwsia ydi o i weddill y byd sydd yn anwybyddu cyfraniad Azerbaijan. Mi gymrith tipyn mwy na'r miloedd o *launderettes* sydd ar bob cornel stryd yn Baku i olchi'n lân greithiau'r gorffennol.

'Be am bêl-droed Azerbaijan?' medda chi. 'Pistyll!' medda fi. 'Na, pistyll Mrs Jones.' Mae pêl-droed y wlad fel pistyll y ddinas, weithiau'n llifo, weithiau ddim. Yn lân ac yn groyw wrth guro Serbia, yn hesb a di-fflach am ddwy gêm yn erbyn Cymru, cyn rhoi sioc i'r hogiau yn y gêm oedd i ddilyn. Anghyson yw'r gair ac mae hynny'n wir am y wlad hefyd.

Prin iawn yw cysondebau Baku: un eithriad amlwg yw awydd y gyrwyr tacsi i weld y Bod Mawr cyn eu hamser. Dwi wedi bod yng nghefn tacsis Rhufain, Napoli, Belgrad a Beirut ond Baku, yn ddi-os, yw'r gwaethaf. Does dim angen pasio prawf gyrru, dim ond talu am drwydded, ac mae'r lle'n llawn Schumachers mewn sgips yn hidio'r un ffeuen am Gymro Bach yn croesi'r lôn.

Mae 'na ddeuoliaeth yn y bobol hefyd. Gwlad Fwslemaidd, grefyddol, ond dillad Gorllewinol. Mae gan Mam belmet sy'n lletach na'r rhan fwyaf o'r sgertiau yn Baku, ond mae smocio'n cael ei ystyried yn arwydd o ddiffyg moesau. 'Siggies' yn hytrach na 'lipstic a sanau silc du' sy'n denu'r sylw.

Peidiwch, da chi, â mynd i lawr grisiau i far, dyna lle mae'r mwg i gyd, ac yn y bariau tanddaearol mae'r holl bethau ddaru Mam fy rhybuddio fi yn eu herbyn. Tydi o ddim yn fangre i fachgen o gefndir Methodist Calfinaidd. Sôn am yr Hen Gorff, tydyn nhw ddim yn licio dynion mewn trowsus byr chwaith. Er bod gen i bâr o goesau Nefolaidd, gwgu maen nhw. Biti na fasan nhw'n gwgu wedi'r gêm!

Pâr o goesau Nefolaidd (bronnau reit nobl hefyd).

Arholiad

Pwy fentrai sefyll arholiad bellach? Yn fy achos i, mae henaint wedi hawlio bob rhithyn o ddealltwriaeth ac arafu pob ymateb call. Dyna pam fod yr awr ddiwethaf wedi ei threulio yn gwrando ar gerddoriaeth ac yn edrych allan trwy'r ffenest. Onid dyna sut mae trin y pwnc? Naci! Golwg sydyn ar dudalennau ôl y papurau, tudalen tri y *Sun* a hyd yn oed awr o Richard a Judy, a dyna fi wedi adfywio gronyn ar y cig ymenyddol ac yn barod am unrhyw waith cartref neu adolygu. Mae fy nhad wedi treulio hanner ei oes yn sefyll arholiadau, ac mae'r boi sy'n byw i lawr y lôn yn hŷn na fi ac yn dal i adolygu. Pe bawn i ddim ond yn medru rhoi'r papurau heibio, diffodd y teledu a thewi'r gerddoriaeth mi fasa'n hawdd. Mi fyddai arlliw o hunanddisgyblaeth yn handi hefyd!

Y trafferth pennaf yw fy mod i'n rhy hen i helpu efo arholiadau'r plant. Mi stopiodd y Mawr a Bŷch ofyn am gymorth flynyddoedd maith yn ôl. I fod yn fanwl gywir, yr athrawon ofynnodd, gan fod y marciau yn dirywio i'r fath raddau fod yna beryg y buasan nhw (a fi) yn cael eu cadw'n ôl am flwyddyn ychwanegol.

Fedra i ddim ffendio crys glân na datgelu dirgelwch y sanau sengl, heb sôn am fynd i'r afael â Pythagoras. Mewn grât mae'r unig dân dwi'n ei nabod ac am wn i, mae 'na gig ym mhob pei, arwydd yw sin a pheidiwch â sôn am yr hippopotamus, mae'n iawn i'r Groegiaid ond yn *double Dutch* i mi.

Mae gan bawb ei system adolygu. Darllen ac ailadrodd i rai, ailwneud hen bapurau arholiadau i eraill. Tueddu i fownsio pêl ffwtbol oddi ar wal y llofft

oeddwn i a deifio ar y gwely i sgorio'r gôl a enillodd
Gwpan y Byd i Gymru.

Fi ydi'r unig ffwtbolar i ennill Cwpan y Byd gan
ailadrodd y *Gwin a Cherddi Eraill.*

> Pe cawn fy hun yfory
> Yn llencyn deunaw oed
> *Dyma i chi gyfle i'r llanc deunaw oed . . .*
> A'r daith yn ailymagor
> O flaen fy eiddgar droed
> *Mae'r bêl ar ei droed chwith . . .*
> Mi fynnwn gan y duwiau
> Yn gysur ar fy hynt
> *Tydi o ddim angen help neb . . .*
> Ond gwin yr hen ffiolau
> A brofais ddyddiau gynt.
> *Mae Cymru wedi ennill y cwpan eto!*

Weithiodd o ddim, gyda llaw. Mi ofynnodd yr arholwr
am 'Englynion Coffa Hedd Wyn'. Lwcus na ddechreuais
i ar honno; roedd springs y gwely'n ufflon erbyn i
Mam grwydro i fyny i weld a oedd popeth yn iawn, a
bellach roeddwn i'n ôl yn hongian allan o'r ffenest yn
canu cytgan gan Janis Joplin neu Rod Stewart, neu
beth bynnag arall oedd yn siglo seiliau'r tŷ ar y pryd.

Roedd hi wastad yn boeth pan fyddwn i'n adolygu.
Roedd 'na wastad rywbeth ar y teledu er y basai'r
testcard wedi bod yn ddigon i'm hudo i o'r llyfrau, a'r
unig ffordd i 'nghadw yn y llofft oedd caniatáu
cerddoriaeth uchel, ysgytwol oedd yn sicrhau bod
pawb arall yn diodde, ac yn rhoi rhyw bleser maleisus
i mi bod rhywun arall hefyd mewn gwewyr.

Ar y ffordd i'r ysgol roedd Bryn dros ffordd a
minnau'n trafod beth doeddan ni ddim wedi ei

adolygu. Wrth fodio adra roedd y sgwrs wedi troi at esgusodion derbyniol. Rhywsut, mi ddaethon ni i ben ac mae hynny'n parhau i fod yn fwy o ddirgelwch na Pythagoras a'i fêts.

Cnau

Mae'n un o wirioneddau bywyd fod y pethau rydach chi'n eu mwynhau yn gwneud drwg i chi ac mae hyd yn oed pethau llesol yn medru bod yn beryglus. Faint o blant sydd isio chwarae efo tân, rhoi eu bys mewn ffan neu neidio o ben coeden wedi iddyn nhw fwynhau'r olygfa? O leia mae'r peryg yn yr achosion hynny yn amlwg, felly hefyd peryglon y ddiod gadarn, cyffuriau neu hanner cant o ffags y dydd.

Mae wedi mynd bellach nad oes 'na fawr o bleser mewn byw, nagoes? Dwi'n yfed fy nhe a 'nghoffi yn ddu gan fod siwgwr a llefrith, hyd yn oed llefrith sgim, yn ddrwg i chi. Mae'r pleser o gladdu i mewn i stecen amrwd tipyn llai wedi i'r meddygon dwt-twtian ynglŷn â chig coch. Dwi wedi rhoi'r gorau i siocled, caws a'r ambell sigâr ro'n i'n ei smocio. Mae gen i wep fel tasa rhywun wedi rhoi slap iddo fo a tydi'r holl aberth yn gwneud affliw o ddim gwahaniaeth i 'mhwysau. Mae gen i *drop chest, relaxed muscles* a chlorian sy'n sgrechian am faddeuant bob tro dwi'n camu arni.

Dydw i ddim yn hoff o 'nghwmni'n hun a dyma'r math o feddyliau y bydda i'n eu hel pan dwi'n unig. Yr wythnos ddiwethaf, gyda'r hwyr, ro'n i'n medru eistedd mewn caffi bach yn Riccione yn gwylio'r byd yn mynd heibio a phendroni ynglŷn â gwir broblemau'r oes. Fel yr hed y frân toeddwn i ddim yn bell o Kosovo, ac roedd hofrenyddion y lluoedd awyr yn ein hatgoffa ni o hynny'n feunyddiol, ond gan mai fi ydw i, poeni ynglŷn â sawl cell cancr oedd gen i wedi diwrnod o dorheulo ro'n i (yn rhinwedd fy swydd, wrth gwrs), a meddwl tybed oedd y BBC yn talu iawndal am hynny. Meddwl wedyn pam fod y bobol sydd agosa atoch chi'n medru rhoi poen a phleser yn yr un gwynt, a brifo llawn cymaint â llonni? Plant er enghraifft, a merched. Mi rybuddiodd Mam fi flynyddoedd yn ôl y buasai merch yn torri 'nghalon i, ac roedd hi'n iawn.

Mi wnes i wegian tra o'n i yn yr Eidal, nid yn annhebyg i dîm Cymru am wn i. Nos Calan diwethaf mi rois i'r gorau i gnau, ynghyd â'r siocled a'r caws, ond fel un sydd wedi gwylltio'n gacwn oherwydd pris paced o gnau mwnci, roedd y demtasiwn o gael llond powlen o gnau am ddim ar y bar yn ormod i mi, ac mi fues i'n gloddesta ar cashews, pistachios a brasils tan ro'n i'n swp sâl bron.

Pan gyrhaeddais i adra mi o'n i'n swp sâl! Yn ôl fy nhad, y prif reswm am afiechyd yr arennau mewn dynion ydi ein bod ni'n mynd i'r lle chwech, yna'n anghofio golchi'n dwylo ac yn parhau i helpu'n hunain i'r cnau, ac yn ddi-os, yn rhannu powlen.

Gwers y dydd, felly: golchwch eich dwylo cyn byseddu'ch cnau, neu fel y dudodd fy nhad, *'Handle your nuts with care.'*

Cyfrifiadurs

Amy oedd enw cyfrifiadur cyntaf Nhad, talfyriad o Amstrad. Dwi'n gwybod ei fod o'n ddiddychymyg ond pe baech chi'n nabod Dad, falla y basa chi'n madda iddo fo. Roedd 'na adeg pan oedd o'n hoff o fflêrs, ac o ABBA hefyd wrth gwrs, ond dyna ni, mae gan bawb sgerbwd yn sgrytian mewn rhyw gwpwrdd yn rhywle.

Does gen i ddim enw ar fy nghyfrifiadur i, ond credwch chi fi dwi wedi'i alw fo'n bob peth dan haul yn ddiweddar. Mae o fel plentyn anystywallt: dydi o'n gwrando dim ac yn gwneud llai, ac nid yn unig hynny, mae ganddo fo ateb i bopeth ac mi ddoth o fewn blewyn i gael ffluch allan efo'r lludw.

Dwi'n hollol ddibynnol arno fo. Mae 'na flynyddoedd o'r *Cwrt Cosbi* yn ei berfeddion o (falla mai dyna pam y cafodd o gamdreuliad). Dwi wedi anghofio sut i sgwennu efo papur a phensel, dwi'n dobio'r teipiadur o fore gwyn tan nos (teipio efo dau fys), pob gair yn cynnwys X, J neu Z, un gair wedi'i gamdreiglo a'r nesaf wedi'i gamsillafu – on'toes yna declynnau handi ar gyfer petha fel'na?

Nos Sul yr aeth pethau o chwith gyntaf. Gêm Cymru yn erbyn Brasil ar y gorwel a finnau wedi clustnodi awr neu ddwy i baratoi. Be fflachiodd ar y sgrin? *'You have performed an illegal function'*! 'Naddo tad,' medda fi, 'erioed yn fy mywyd, wir Dduw!' 'Do wir,' medda fynta, a be oedd yn waeth, *'This window will close within the next fifteen seconds.'* Doedd y ffenast ddim hyd yn oed yn agorad, heb sôn am ei chau, a bellach roedd y printar yn canu grwndi mewn modd digon anghysurus ac yn gwrthod trosglwyddo'r wybodaeth o'r teledu bach i bapur.

'Cau'r siop,' medda fi. *'Are you sure?'* medda'r cyfrifiadur. Ond doeddwn i ddim nag oeddwn! Be pe bawn i'n colli'r cwbwl, dyddiau o waith yn diflannu i ebargofiant? *'Do you want to save the document?'* 'Ia plîs.' *'Where would you like to save the document?'* 'Unrhyw le,' medda fi, 'a cyn i ti ofyn, mi gei di ei alw fo'n Dic Aberdaron, dim ond mod i'n medru 'i weld o eto.'

Bellach roedd 'na fwy o oleuadau'n fflachio ar y printar nag ar strip Las Vegas. *Form feed, line feed, on line, off line* – roedd y cwbwl yn wincio fel sêr coeden Dolig. Roedd 'na dudalennau lu yn chwydu trwy waelod y printar heb yr un gair arnyn nhw ac mi fasa un fatsien wedi llosgi'r tŷ yn ulw.

Tydw i ddim yn un sy'n cyffroi'n hawdd ond ro'n i allan o 'nyfnder yn llwyr. 'Toedd y peth yma'n fy nghroesholi fel uniad dieflig o *Perry Mason* a *Rumpole of the Bailey*, a phrin fod gen i ateb call i'w gynnig.

'There has been a printer error,' medda fo, gan bwysleisio'r amlwg. 'Stwffio chdi,' medda fi, 'ddangosa i pwy 'di'r bòs.' Diffodd y cyfan, a thynnu'r plwg o'r wal! Dwi ddim yn gwybod llawer ond dwi'n gwybod na fedrith peiriant redeg heb betrol a dyna sut mae o ar hyn o bryd. Chafodd o ddim cyfle i ffarwelio efo'i ding, ding dong, fel mae o'n arfer ei wneud; mae'r diafol yn llonydd ac yn disgwyl i rywun amgenach na fi ei ddeffro. Dwi'n saffach efo'r pìn a'r papur sydd ddim yn ateb yn ôl.

Cyngerdd Nadolig y Plant

Wythnos y consart neu basiant y plant ydi'r teitl swyddogol, ond i rieni plant anystywallt mae'n corddi stumog yn well na'r Big Dipper yn Rhyl.

Mae rhai rhieni'n ymdopi'n well nag eraill. Mae'r camcorder yn golygu fod y neuadd yn llawn Steven Spielbergs yn baglu dros ei gilydd. Fel arfer, nhw ydi gwŷr y mamau sy'n gwybod pob gair a phob cân, ac yn meimio yn y rhes flaen efo'r plantos. Dim o'i le ar hynny, ond cuddio yn y rhes gefn fyddwn i, lle mae'r gweddïo go iawn yn digwydd. Stwffio gwylio'r praidd liw nos! Plîs, plîs, plîs, neith Bŷch stopio chwarae efo'i ddresing-gown a'i dywel, neu mi fydd y cyfan yn datod ac mi fydd yna un bugail bach mewn dagrau. Gobeithio bod ei drôns o'n lân . . . Pam bod y llall yn mynnu codi llaw a gwenu? Mae o'n mynd i fethu ei giw, a fi gaiff y bai a fydd ganddo fo ddim gobaith caneri o fod yn Joseff pan gyrhaeddith o'r dosbarth top.

Pam fod rhaid iddo fo fod yn un o'r doethion? Mae'r bugail yn hawdd ond gan fod hwn yn gorfod cario'r thus mae hi wedi bod fel *Blue Peter* yn tŷ ni, ac er gwaethaf llwyth o blastig du stici a rhwygo un o hoff ffrogiau Dolig ei Fam, mae o'n dal i edrych yn debycach i rywbath fasa'n crwydro strydoedd cefn Paris na dyn doeth sy'n dilyn y seren i Fethlehem.

WPS! Mae pen-gliniau bugail rhif tri wedi mynd! Os na chaiff o'r tŷ bach o fewn pum munud mi fydd hi'n Amen, ac mi fydd hi'n Amen gwahanol ar un o'r doethion os na wnaiff o stopio waldio'r angel agosa. Un slap arall ac mi fydd y dagrau'n dechrau llifo, yn

enwedig os bydd yr adenydd yn malu; mae hi eisoes
yn bwrw sîcwins ar y Baban Iesu.

Does dim amheuaeth pwy sydd â'r pŵer yn yr holl
berfformiad: nid Joseff, nid Mair, a *bit parts* ydi'r
Doethion, yr Angylion a'r Bugeiliaid. Na, y *top dog* ydi
Dyn y Llety. Does dim ond angen iddo fo newid un
llinell ac mae'r Bendigaid yn cael ei eni yn stafell
gegin y George and Dragon, sydd ddim cweit yr un
peth â chael ei lapio mewn cadachau a'i osod gyda'r
anifeiliaid. Pam arall mae pawb yn dal eu gwynt fel
mewn priodas pan mae'r gweinidog yn gofyn, 'A ŵyr

unrhyw un am unrhyw wrthwynebiad?' 'Oes yna le yn y llety?' – rhowch chi'r ateb anghywir i'r llinellau yna ac mae'n San Fferi Ann ar y cyfan.

Mae pob un o'r athrawon yn edrych fel eu bod nhw wedi mynd bymtheg rownd efo Mike Tyson ac mae Mrs Jones Dosbarth Un o fewn dim i dagu Johnny Tŷ Isa. *If looks could kill,* mi fasa fo'n gelain ers y gân gyntaf ond tydi o'n malio dim. Os tynnith o 'i drowsus fel llynedd mi gaiff ei fam ffit biws, ac ar y pen arall i'r llwyfan mae Darren wedi penderfynu bod angen cael un llaw i lawr ei drowsus a'r llall i fyny ei drwyn. Dwi'n siŵr nad oedd hynny yn y sgript, ond welsoch chi neb hapusach.

Ymhen chwinciad chwannen mae o drosodd. Cymeradwyo mawr, ochenaid o ryddhad, diolch i'r prifathro, on'd oeddan nhw'n dda? Ydw i isio tocyn er mwyn gweld yr ail berfformiad neu hyd yn oed be recordiwyd gan Spielberg? Diolch, ond dim diolch, mae'r atgof yn ddigon ac yn llawer iawn gwell.

Cyflog

Mae 'na sawl cwestiwn sy'n dyddio dyn: be ydi'r rownd derfynol Cwpan Lloegr gynta 'dach chi'n ei chofio? Beth oedd y sengl gynta erioed i chi brynu? Faint oedd y cyflog cyntaf go iawn gawsoch chi?

I mi, West Ham yn erbyn Preston North End; 1–2–3 gan ddyn o'r enw Len Barry, a dwi'n ama a gafodd o lwyddiant arall, a'r cyflog cyntaf oedd mil dau gant o bunnoedd y flwyddyn, cyn treth. Dydi o ddim yn swnio'n lot, a doedd o ddim bryd hynny chwaith; cyw o gyfrifydd yn ddiolchgar am waith o'n i, ac allan o'r deuddeg cant, roedd fy nghyflogwr yn cymryd dau gant a hanner yn ôl i dalu am gyrsiau.

Ro'n i'n berchen tŷ â thair ystafell wely hefyd. *End of link* a gostiodd rhyw geiniog neu ddwy o dan ddeng mil, a heb bres ewyllys Anti Daisy faswn i ddim wedi medru fforddio rhoi blaendal ar hwnnw. Os cofia i'n iawn roedd morgais yn agos at ddeg y cant ac ar fin codi, felly doedd y cyflog cyntaf ddim yn mynd yn bell, ond trwy lwc ro'n i wedi priodi arian ac roedd cyflog athrawes yn cadw dau ben llinyn ynghyd.

Mewn tymor lecsiwn rydan ni'n clywed cryn dipyn am *war chest* y Canghellor. Does gen i ddim syniad be ydi o heblaw fod pob plaid yn cytuno ei fod o'n llawn arian ac angen ei rannu ymysg yr anghenus. Ar ddiwedd y saithdegau roedd 'na *war chest* yn tŷ ni hefyd. Mae o gen i hyd heddiw, yn dal arian tramor. Yr adeg honno roedd yr arian gwario am yr wythnos yn mynd i mewn i'r bocs hwnnw ar y silff ben tân. Roedd hyn, gyda llaw, cyn i Maggie Thatcher ddyfeisio'r syniad o redeg economi gwlad fatha cynilion gwraig tŷ.

Yn feunyddiol, byddai'r bocs yn syllu arnan ni ac yn ein herio i wario. Roedd pob noson yn demtasiwn ond pe bai'r bocs yn wag cyn diwedd yr wythnos doedd dim amdani ond aros i mewn, ac yn aml iawn diodde'r gosb fu raid. Roedd gen i ofn dyled y dyddia hynny; bellach dwi mewn cymaint ohono fo mae o fel hen ffrind cyfarwydd, ac mi faswn i ar goll ar dir sefydlog ariannol.

Braf weithiau fasa cael dychwelyd i ddyddiau'r gist; o leia roedd dyn yn gwybod lle roedd o'n sefyll – dim cardiau credyd i'n hudo a dim cynigion o arian mawr.

Roedd y bocs yn deall argyfwng yn well nag unrhyw fanc. Yn aml iawn cafodd y gist ei melltithio ond, chwarter canrif yn ddiweddarach, mae dyn yn deall mai ym melltith y bocs roedd y fendith.

Cyri

Pan soniodd rhywun wrtha i unwaith am cyri, doeddwn i ddim yn siŵr ai Currys y siop, neu cyri, y bwyd, oedd dan sylw. Mae'n f'atgoffa o'r gŵr aeth â'i wraig i Iceland – y wlad nid y siop – a synnu nad oedd o'n cael 'dau am bris un'.

Ta waeth, wedi deall mai cyri, y bwyd, oedd dan sylw, rhaid i chi gofio pa mor newydd oedd y têc awê pan oeddwn i'n ifanc. Roedd Dafydd, y brawd mawr, a finnau yn arfer prynu vindaloo ar y ffordd adra o'r Glanrafon, mwy oherwydd *machismo* na'r blas, a dydi bwyta vindaloo efo'ch bysedd ddim yn beth hawdd. Doedd dim ffyrc i'w cael y dyddiau hynny, dim 'hanner hanner' chwaith, a byddem yn deffro'r bore wedyn efo bysedd a edrychai fel bysedd dynion oedd wedi bod yn smocio am drigain mlynedd. Os ydach chi'n meddwl fod nicotîn yn anodd i'w sgwrio i ffwrdd efo carreg, trïwch vindaloo – does dim byd yn tycio ac, fel nionod, mae'r ogla'n para am ddyddiau.

Dwi wrth fy modd efo bwyd Indiaidd, yn anffodus dwi ddim yn gwybod llawer amdano fo y tu allan i Biriani, Balti, Jalfrezi a phoppadoms a chytnis. Be dwi ei angen ydi rhywun i fynd â fi drwy'r fwydlen. Dwi wedi colli digon o bwysau yn ddiweddar i fedru fforddio cael *blow out*, ond mae angen rhywun i

70

'nhywys i'n ofalus fel y daru rhyw foi mewn gwinllan yn America unwaith. Dechrau efo'r gwinoedd ysgafn, gorffen efo'r rhai trwm a chadw'r gorau tan ro'n i'n fflatnar ar fy nghefn. Cyn-GI yn Fietnam oedd o, erioed wedi clywed am Pesda ond, pan welodd o fi, mi welodd rhywun oedd yn barod i fentro ac nad oedd yn poeni'n ormodol am y canlyniadau – fi i'r carn.

Dwi wedi bwyta *puffin* a tships, ymennydd dafad a stumoga gwartheg, dim ond er mwyn cael dweud fy mod i wedi blasu'r bwyd lleol. Mi fues i yn Curry Mile ym Manceinion yn ystod Gêmau'r Gymanwlad ond dwi'n dal i syllu'n eiddigeddus ar brydau pobol eraill mewn tai bwyta Indiaidd tra dwi'n archebu'r Biriani, Balti neu Jalfrezi arferol. Dwi'n ysu am fynd draw a gofyn ga i flasu chydig bach o'r saig, holi be sydd gan bawb a pham eu bod nhw'n ei ddewis o, er mwyn i mi gael dewis yn well tro nesa. Yn anffodus does gen i ddim hyder a phe bawn i'n crwydro rownd byrddau eraill mi fasa'r ddynes acw'n cerdded allan, a dydw i ddim yn dda iawn am fwyta ar ben fy hun.

Trip i'r India falla ydi'r unig ateb, ond hyd hynny mi gadwa i at be dwi'n wybod a byw efo'r siom.

Ffrainc

Er bod y Ffrancod yn debyg iawn i'r Saeson (dyna pam eu bod nhw wedi bod yn ffraeo am ganrifoedd) dwi'n eitha licio ein cefndryd Galaidd. Well gen i bobol y gorllewin na chriw ffroenuchel Paris – on'tydi'r wlad wastad yn drech na'r ddinas?

Wedi dweud mod i'n hoff o'r bobol, dydi'r profiad o

deithio i Ffrainc ddim cystal; mae'r teithiau yno'n gofiadwy, ond ymhell o fod yn gysurus.

Mi aeth wyth ohonon ni yno un Pasg, gyda'r bwriad o fwyta ac yfed gwin yn yr awyr agored a mwynhau cwmni'n gilydd. Fi drefnodd, felly arnaf fi oedd y bai. Glaniodd yr awyren ddwy awr o Baris; prin fod y tymheredd uwchben y pwynt rhewi ac er fod y *brochure* yn mynnu bod y gwesty ym Montmartre, yng nghysgod y Sacre Coeur yn y Pigalle yr oedd o, sef ardal y lamp goch, oedd ddim ond yn cysgu yn ystod oriau'r dydd. Uchafbwynt y daith yn ddi-os oedd cael mynediad am ddim i sioe ddigon amheus trwy yngan y geiriau, *'Non Anglais – Pays de Galles'*.

Doedd pethau ddim cystal wrth fwyta chwaith. Y noson gynta, wrth ddangos fy hun mi es i am y peth mwyaf Ffrengig yr olwg ar y fwydlen a chael sosej a sglods. Yr un oedd y polisi ar yr ail noson – drysu cig dafad am gig oen a chael llond plât o ymennydd dafad. Roedd y peth yn wyn, yn crynu fel blodfresych ac wedi ei amgylchynu gan datws newydd. Do, mi wnes i ei fwyta fo, ac ydi mae corff pob anifail yn 90 y cant o ddŵr. Hwnnw oedd y trip pan wnes i flasu wystrys a malwod am y tro cyntaf a theimlo'n swp sâl ar ben Twr Eiffel.

Erbyn i'r Mawr a Bỳch gyrraedd roedd pres yn brin felly dyma fentro ar fws o Gaerdydd reit i lawr i dde Ffrainc. Ia, efo dau fab dan saith! Gair o gyngor: PEIDIWCH! Doedd 'na ddim o'i le ar y maes carafanau na'r traeth na dim arall, ond mi roedd 'na elfen o bryder pan ddaru'r bws ein gollwng ni ar ochr traffordd gyda'r addewid y basa rhywun yn ein pigo ni i fyny. Yno y buon ni am ddwy awr! Fel dudis i, PEIDIWCH!

Un flwyddyn mi ddaru ni hel tomen o bres a mynd am dair wythnos i Ffrainc, wythnos yn y Charente Maritime, a phythefnos yn y Dordogne. Yn y Dordogne roedd ganddon ni dŷ hyfryd, efo pwll a golygfa i lawr y dyffryn. Un broblem – mi fwriodd yn soled yr holl amser y buon ni yno. Mi ddisgynnodd y Bỳch a'r Mawr i'r afon o'r canŵ yn amlach nag y cefais i bryd saith cwrs amser cinio; bu bron iddyn nhw foddi ac i minnau fyrstio.

I lawr yn y Charente y cododd problem yr iaith. I feddwl ei fod o'n ddyn dysgedig, roedd Dad yn cael trafferth. Wrth gerdded i nôl *croissants* o'r becws bob bore roedd o'n pasio Ffrancwr anferth, a'r cwbwl fedrai Dad ei wneud oedd gwenu fel rhyw hurtyn heb fod llawn llathan. Erbyn y diwrnod olaf roedd o'n benderfynol o achub ei gam. Mi welodd ei ffrind yn dod o ben draw'r stryd a dyma ddechrau ymarfer. *'Bonjour, bonjour, bonjour, bonjour,'* bron yn llafar ganu. Wrth i Pierre gyrraedd dyma Nhad yn cymryd gwynt mawr a'i gyfarch fel ffrind mynwesol, *'Bonjour, mademoiselle!'* Dydi o ddim wedi bod yn ôl yn Ffrainc ers hynny, a siawns gen i fod Pierre yn edrych yn amheus ar bob Cymro. *C'est la vie!*

Enwau Ceir

Sut gar sydd ganddoch chi? Ydach chi'n un o'r bobol sidêt mewn Senator, un sy'n crwydro'r wlad mewn Rover ynteu ydach chi'n un sydd efo dipyn o steil Cavalier, neu gyflymder Jaguar? Mae ambell gar yn swnio'r un fath â'i enw: dyna i chi Ferrari er enghraifft:

mi fedrwch chi ddychmygu'r Diablo yn sgrialu heibio fel mellten goch neu'r Lotus yn sibrwd wrth ddiflannu dros y gorwel. Ond sut fedrwch chi enwi anifail o gar ar ôl blodyn sydd yn treulio'i oes efo'i draed mewn dŵr? A tasa hi'n dod i hynny, pwy ar y ddaear sy'n dewis enwau'r ceir yma beth bynnag?

Mi fedra i ddeall y pethau bychain: Mini, Imp, Midget, Micra a Beetle, er dwi'n ama faswn i'n teimlo'n Smart yn un o'r pethau newydd 'ma, ac mi fedra i'ch sicrhau chi nad oes 'na fawr o Fiesta yng nghar y Mawr pan fydd 'na fiwsig aflafar ar y peiriant wrth iddo drio byddaru, nid yn unig fo'i hun, ond hanner y pentre hefyd.

Falla'i fod o angen car mwy: Espace, Grand Espace, Space Cruiser; mae o ar blaned arall yn ddigon aml. Neu pan gaiff o fwy o arian yn y banc, Mercedes Benz Classic, Elegance, neu hyd yn oed Avantgarde. Ac o sôn am Avantgarde, pwy gafodd y syniad o enwi ceir ar ôl artistiaid fel Matisse a Picasso?

Falla'u bod nhw'n trio ailgydio mewn atgofion melys. Pam, dybiwch chi, bod ganddon ni Ibiza, Montego, Cordoba, Almera, Marbella a Toledo, er dwi'n ama mai morwr gynigiodd Marina, ac ysgolhaig yr hen Austin Cambridge a'r Morris Oxford.

Mae pobol y Lada yn hoff o odli. Ceir i feirdd sydd ganddyn nhw – mi fedrwch chi weld Myrddin ap Dafydd neu Meirion McIntyre Hughes mewn Samara, Riva, Niva, Felicia neu Octavia ond mi ddylai pob Cymro gael Gilbern yn y garej. Wedi'r cyfan y Gilbern yw'r unig gar i gael ei gynhyrchu yn gyfan gwbwl yng Nghymru a hynny o fewn milltir i lle dwi'n byw.

Saeson fasa'n chwennych Land Rover, Freelander, Discovery neu Defender – enwau da i'r hen John Bull –

ond yn y pen draw ella mai'r Daihatsu sydd wedi taro'r hoelen ar ei phen. Charade ydi'r cyfan. Dydi hi ddim ots beth ydi enw'r car dim ond ei fod o'n cyrraedd pen ei daith.

Jôc am geir 'ydi'r unig un ddwyieithog dwi'n ei gwybod: os oes 'na griw o bobol yn teithio mewn car a phawb yn torri gwynt, pa gar ydi o? Cors-air yn Saesneg, Cor-tina yn Gymraeg.

Sied

Trois i mewn i'r sied lle cedwir creiriau lu: hen feic, bwrdd snwcer, potiau blodau, peiriant gwnïo Nain a sosban efo stwnshar. Be goblyn oedd y sosban yn da yna dwi ddim yn gwybod, os nad oedd un ai'r Mawr neu Bŷch wedi penderfynu eu bod nhw wedi cael stwnsh rwdan hyd syrffed, ac am guddio'r sosban a'r stwnshwr euog i'm rhwystro rhag eu plagio nhw efo mwy o'r stwff.

Doedd o fawr o golled mae'n rhaid, achos do'n i ddim wedi sylweddoli mod i wedi eu colli nhw. Ac mae'n rhaid bod y ddau declyn wedi bod yn mochel malwod yn y sied ers bron i ddegawd.

Dwi'n gwybod bod ambell sied yn balas, a lle i gilio iddo oedd bwriad f'un i ond nid felly y trodd pethau allan, ac os oedd 'na ddewis rhwng y sied a'r garej, wel y garej amdani bob tro. Mae ambell sied yn swyddfa handi wedi'i chysylltu efo'r rhyngrwyd, eraill yn stafelloedd ychwanegol neu'n fan chwarae i'r plant, ond y gwir amdani ydi mai lle i ddyn ydi'r sied. Duw sy'n rhoi noddfa, meddai'r hen air, ond doedd 'na ddim

75

siedia yn yr Hen Destament ac mae'r noddfa bellach yng ngwaelod yr ardd. Yr unig le, mewn byd lle mae merched wedi cymryd drosodd, lle y gall dyn gilio at y pethau dynol, neu'n amlach na dim, y pethau bachgennaidd.

Dwi ddim yn gwybod a ddylai'r ffaith fod y sied acw'n adfail fod yn destun balchder neu gywilydd. Mae'r gwynt wedi cario'r to i ebargofiant erstalwm a'r glaw wedi pydru popeth o fewn y muriau a does dim nad ydi o'n rhwd neu'n bydredd o'i mewn hi. Cywilydd, ia falla, ond dydw i ddim chwaith angen cilio; mae prif bwrpas y sied yn ddiwerth yn ein tŷ ni. Dwi'n berchen ar fy ngofod fy hun a dwi ddim angen cuddio. Mae pob elfen blentynnaidd ohona i yn gwbwl agored.

Pwy felly ydi dyn y sied? Ydi dyn y sied yn cael gwisgo sgidiau yn y tŷ ynte ydio'n gaeth i slipars? Ydi dyn y sied yn berchen pâr o byjamas *winceyette*, yn gwisgo menig rali a chap wrth yrru? Oes 'na delyn neu biano ganddo fo yng nghornel y lolfa? Fuon nhw yn Tuscany neu'r Dordogne ar eu gwyliau llynedd? Ydi dyn y sied newydd ddychwelyd efo'i garafán o'r Steddfod? Ai hwn yw delwedd dyn y sied, ac os felly ydi'r ddelwedd yn newid cyn gynted ag y mae'n cloi ei hun yn y cwt pren? Pa gyfrinachau sy'n llechu yng ngwaelod yr ardd, ac ydan ni mewn gwirionedd isio gwybod? Mi fedrwch ofyn, ond byddwch yn wyliadwrus o'r atebion. Mae dyn y sied yn ddyn cymhleth dros ben ac os holwch yn rhy fanwl falla y gwelwch chi fod rhywfaint o ddyn y sied ynon ni i gyd.

Gladys

Y cyntaf? Gladys oedd ei henw hi. I fod yn gwbwl onest roedd hi wedi gweld dyddiau gwell, ond roedd 'na rwbath cyfforddus, agos-atoch-chi amdani. Doedd hi'n ddim byd ffansi ond yn un sydyn iawn i gynhesu ac yn mynd fel injan ddyrnu wedi iddi godi sbîd.

Mae'n od sut mae dynion yn cofio eu ceir cyntaf, ac mi fydd gan Gladys le yn fy nghalon i fyth bythoedd. Dwi wedi cael sawl car ers Gladys ond heb enwi yr un ohonyn nhw. I fod yn gwbwl onest dwi'n weddol ddi-hid ynglŷn â cheir, hyd yn oed yn y dyddiau pan oedd gen i ddau MG Midget, un ohonyn nhw'n cornelu fel tasa fo ar gledra, a'r llall wedi gorfod mynd

pan ddaru'r
Mawr gyrraedd. Erbyn i Bỳch
ddangos ei ben roedd ganddon ni ddau gar arall
ond wnes i ddim closio at yr un ohonyn nhw chwaith.
Y ceir hynny yw, nid yr hogiau.

Doedd dim byd tebyg i Gladys. Mini bach oedd

Glad, oedd wedi treulio misoedd lawer yn garej fy modryb ym Mhorthcawl. Ar lawr oedd y botwm tanio a dan y bonat roedd 'na drafferthion di-ri. Roedd rhyddiadur llawn tyllau yn golygu bod unrhyw allt yn drech na hi, bechod, ac ar sawl trip i'r gogledd bu rhaid i mi stopio ar lan afon i ddiwallu syched yr hen Glad. Doedd ganddi hi ddim radio chwaith a chan fod y ratlo'n rhwystro unrhyw ymdrech at sgwrs, roeddan ni'n lladd y pum awr o siwrna rhwng Bangor a Chaerdydd trwy ganu cymysgedd o ganeuon, Edward H, Dafydd Iwan, James Taylor a Rod Stewart, yr un ohonyn nhw mewn tiwn, gyda llaw, ond yn ddigon uchel i foddi unrhyw duchan amheus o fol Gladys.

Mi chwythodd hi fwy o *head gaskets* nag a gafodd Rod Stewart o bimbos penfelyn. Dim ond *hot legs* oedd gan yr Albanwr; roedd Gladys yn boeth drosti druan, heblaw yn y gaeaf pan fyddai hi'n chwythu aer oer, ac un gaeaf mi stopiodd chwythu'n gyfan gwbwl.

Roedd 'na ing a galar ond fedrwn i ddim gadael Gladys. Roedd 'na dri mis i fynd ar aelodaeth yr AA felly, yn achlysurol, mi fyddwn yn gwthio Glad yn ddigon pell o'r tŷ i alw'r gwasanaeth Relay, ac mi gafodd Glad a finnau lifft i'r gogledd am benwythnos. Hen ddynion clên oedd bois yr AA hefyd tan iddyn nhw ddechrau ama ai fi oedd eu haelod delfrydol!

Daeth i ben deithio traws Cambria efo'r AA ac mi gafodd Gladys orffwys yn yr un cae ag yr oedd Dic y mul anystywallt yn arfer pori ynddo. Mi hawliodd yr ieir sêt gefn Glad mewn modd na lwyddis i erioed, ac fe ddaeth gwir garwriaeth i ben.

Edrychais i ddim efo'r un wefr ar unrhyw gar arall. Dwi'n wfftio Lamborghinis, Ferraris a ballu, oherwydd fe gefais i'r wefr gan Glad, ond fel pob gwefr go iawn, pharodd hi ddim yn hir. Mi gefais garwriaeth gan Gladys boeth, ferwedig, a losgodd dwll yn fy nghalon ac yn fy waled.

Genedigaeth Fraint

Ai dyma pam fod Mam isio merch?

Dwi mewn sefyllfa berffaith i fesur manteision y cyntafanedig. Fi ydi'r ail yn ein teulu ni ac er bod pawb arall yn gwadu'r ffaith, dwi wedi cael cam. Falla fod 'na bedair blynedd yn fy ngwahanu fi a'm brawd mawr ond ddaru hynny ddim stopio Mam rhag cadw'i ddillad o a'u pasio nhw i lawr i mi fel lifrai newydd,

dan lafar ganu, 'Roedd Dafydd yn arfer gwisgo hwn.'
'Roedd Dafydd yn edrych yn smart pan oedd o'n
gwisgo hwn.' 'Ew, roedd dy frawd yn bishyn yn ei
ddillad crand.' 'I Dafydd ddaru Anti Jean wau hwn,
ond mae o fel newydd.' Diolch i'r drefn nad chwaer
hŷn oedd gen i neu mi faswn i mewn plethi a ffrog
gingham.

'Gwranda di ar dy frawd,' oedd y siars arall. 'Gwna
di be mae o'n ddeud wrtha chdi.' Iawn iddyn nhw
ddweud hynny 'ndoedd, ac roeddwn innau yn ei
eilunaddoli o! Cymryd mantais ddaru'r coblyn. Roedd
o'n fy stwffio fi dan sêt y bws er mwyn talu am un yn
lle dau, a phwy oedd yn cael y prês? Fi? Dim ffiars o
beryg! Hwn oedd yr un brawd mawr oedd yn mynnu
mod i'n helpu efo'i rownd bapur – fi, pŵr dab, oedd yn
gorfod gwneud y rhan fwyaf o allt serth Penchwintan!
Ḍdaru o dalu i mi? Peidiwch â bod yn wirion! Doedd o
chwaith ddim yn gadael i mi helpu o gwmpas 'Dolig,
pan fyddai pobol yn rhoi tips go hael. Roedd o'n dda ar
y naw am fy hudo fi i siopa recordia er mwyn i ni brynu
record rhyngddon ni. Fi oedd yn talu, fo oedd yn
gwrando ac mae gen i gasgliad o recordia gan bobol
nad ydw i erioed wedi clywed amdanyn nhw, dim ond
oherwydd bod 'funky Daf' yn mynnu eu bod nhw'n
hip.

Mi wnes i ddysgu, ac ro'n i'n dechrau rhoi trefn ar
bethau. Ro'n i'n ddeuddeg, Robin yn naw a Huw yn
saith, a be ddaru'r llywath brawd mawr? Gadael adra!
Roedd hynny'n gwneud pethau'n waeth: 'Fasa Dafydd
ddim wedi gwneud hynna,' 'Mi fasa Dafydd wedi
edrych ar ôl 'i frawd,' 'Fasa Dafydd ddim mor hunanol
ag isio mynd allan ar nos Sadwrn.' Dim ond ar ambell
nos Sadwrn roeddan ni'n gweld y mab afradlon a

doedd o ddim yn y tŷ yr adeg hynny, wel dim tan oriau mân bore Sul, a fi oedd yn gorfod mynd i'r capel. Roedd Dafydd, y peth bach, wedi blino gormod.

Falla mod i'n gorliwio chydig – ddim llawer cofiwch, ond mi rydwi'n fodlon cyfadda bod cwmwl cof yn gwmwl du pan mae dyn yn teimlo cam. Wedi dweud hynny, yr ail sydd wastad yn ei chael hi waethaf. Mae'r trydydd yn gorfod cael dillad newydd a does fiw i'r cyw melyn olaf gael dillad ail law. Mae Huw, babi'r teulu, yn cael getawê efo mwy na'r hynaf, a Robin a fi yn y canol sydd wedi gorfod diodde. Wel, dwi wedi diodde go iawn; mae Robin yn credu ei bod hi'n rhan o'i enedigaeth fraint i ddiodde gan ei fod o, fel y trydydd plentyn, yn nhir neb fel petai.

Mae'n rhyfedd bod y pedwar ohonon ni wedi tyfu i fod yn bileri syber a sobor o'n cymdeithas. Os ydach chi'n nabod hogiau ni, mi fyddwch chi'n gwybod yn wahanol, ond anwybyddwch hynny a derbyniwch yr esgus ein bod ni i gyd wedi'n geni yn y drefn anghywir.

Cig

'Mae'r wraig 'cw'n llysieuwraig.' 'Ew Tecs, mae'n ddrwg gen i, wyddwn i ddim ei bod hi'n yfed!' Llinell fythgofiadwy o *C'mon Midffîld*, un o sawl llinell wych ac mae'n chwith ar ôl y gyfres. Gydag un foment o hiwmor maen nhw wedi taro ar ein diffyg cydnabyddiaeth a dealltwriaeth ni'r Cymry o'r rheini sy'n ymwrthod rhag bwyta cig. Mae Caerdydd i fod yn ddinas gosmopolitan ond, yn ôl ffrind i mi, does yna'r un bwyty sy'n apelio at ddant llysieuwyr. Yn aml y cyfan gawn nhw ydi cinio dydd Sul heb y cig a'r grefi.

Dydw i ddim yn llysieuwr, dwi'n ama a fydda i byth; dwi'n mynnu fod gen i'r hawl i fwyta cig. Dwi hefyd yn ymwybodol o'r ffaith nad ydi'r saig wedi cael ei eni a'i fagu yn rhewgell Tesco's. Pan o'n i'n fychan roedd Dad yn cadw gwartheg, moch, ieir a gwyddau ac mi rydw i wedi bwyta'r cyfan. Dwi hefyd wedi lladd, llnau a phluo.

Mynnodd Dad fy mod i'n rhoi tro yng ngwddw ceiliog a rhoi cyllell i ŵydd cyn defnyddio sgiwar i gwblhau'r gwaith yn sydyn, ac am wn i, yn ddi-boen. Mi allwch chi wingo, ond o leia dwi wedi bwydo'r mochyn a'r iâr roddodd wy a bacwn ar y bwrdd bob bore. Dim ond unwaith ddaru Dad fynnu ar y ddefod o ladd ac mae ei eiriau o mor glir ag erioed, 'Lladda fo, llnau o, cwcia fo a bwyta fo, a chofia nad ydi bwyd yn cael ei eni mewn bag plastig.'

Mae stumog go dda yn help hefyd, er mae'n rhaid i mi gyfadda fod tri mis yn gweithio'n Chukie Chickens, Llangefni, wedi lladd unrhyw flas fu gen i am gyw iâr. Mi barodd hynny am bron i dair blynedd, a hyd heddiw a' i ddim yn agos at *chicken paste*.

Mi ydw i'n un am gig. Os mai'r mesur o gogydd yw ei allu i wneud cinio dydd Sul, dwi'n gogydd, ond mi fydda i'n licio'r cig yn amrwd a'r gwaed yn llifo, a phan mae'r cig mor amrwd â hynny mae angen cig da ar gyfer y wledd. Er fy mod i'n byw i lawr yn y de, yn y gogledd mae fy mwtsiar, ac un da ydi o hefyd. Mae Dad yn cwyno fod Mam yn talu ffortiwn i'r cigydd ac yn rhyfedd iawn mae'r bil yn codi jyst cyn i mi alw ac mae 'na wastad focs yn teithio tua'r Efail Isaf efo cynnyrch John Bwtsiar yn y cefn.

Mab Dic Wyau ydi John; fo rostiodd fochyn ar ben-blwydd Huw yn ddeugain; fo sydd yn cwcio twrci Mam bob 'Dolig ac, yn ôl y Mawr a'r Bỳch, fo sy'n gwneud y sosejus gorau yn y byd. Un o feibion Llanrug ydi John a rhag ofn nad oedd neb yn ymwybodol o'i alwedigaeth mae ganddo fo 'Dyn Cig' wedi'i sgwennu ar ei gap a'i farclod. Ond y car ydi'r gorau, pwy ond bwtsiar o Lanrug fasa efo'r rhif C1 GDA?

Chwyrnu

Mi fasa ffrindiau agos yn cydnabod fy mod i'n ddi-drefn, yn styfnig ac yn llawer, llawer iawn rhy gegog. Mi fasa rhai mwy goleuedig yn ychwanegu fy mod i'n gwneud fy ngorau glas i fod yn annibynnol, tasg sydd ymhell y tu hwnt i 'ngallu. 'Cofiwch ofyn am gyngor,' yw'r cyngor gorau; does neb ddim dicach ac yn aml iawn maen nhw'n ei theimlo'n fraint cael eu holi. Yn anffodus dwi ddim yn un am ddilyn cyngor ac mae'r eithriadau mor brin ag eira yn Awst.

Yn fy nhyb i, gwendid nid cryfder ydi gofyn am gyngor a fiw i mi ddangos gwendid! Dwi wedi cael fy hun mewn pob math o drafferthion wrth fod yn benstiff. Does ryfedd mai fi ydi testun sbort yr aelwyd ond tra mai fi sy'n talu'r biliau, fi wŷr orau.

Ddoe ddiwethaf, am na wnawn i ofyn cyngor sut i hongian llenni, mi dreuliais ddwy awr gyfan yn ailwnïo'r cortyn sy'n cwtogi'r lled. Flynyddoedd yn ôl mi gefais i botyn pridd i fwydo adar. Fi oedd yr unig un yn y tŷ oedd yn mynnu mai bwyd oedd y pytiau bach eraill yng ngwaelod y bocs. Mi wastraffis oriau lawer yn gwnïo'r cyfan ar gortyn cyn derbyn yr hyn roedd pawb arall wedi'i weld o'r cychwyn cyntaf, sef mai polystyrene i warchod y potyn oedd y darnau mân oedd bellach yn hongian o gangen y goeden afal, yn chwythu yn y gwynt ac yn cael eu hanwybyddu gan bob robin goch, titw tomos las a sguthan yn y fro.

Na, does 'na neb yn gwybod yn well na fi! Mi fentraf i lefydd heb fap, dwi'n arbenigwr ar bopeth dan haul, mi wna i gynnal sgwrs efo unrhyw un ar unrhyw bwnc, a pheidiwch da chi â 'nghywiro fi neu mi lyncaf ful, a phopeth arall ar y fwydlen hefyd.

Dwi'n gwybod yr ateb i'ch holl broblemau; mi wela i frycheuyn ac anwybyddu'r trawst a dwi wedi treulio gormod o amser yn aredig rhych unig i edrych dros fy ysgwydd i weld pa mor gam ydi hi.

O ystyried hyn oll gobeithio y gallwch chi, ddarllenwyr goddefgar a ffyddlon, helpu truan sydd am y tro cyntaf, ac yn groes i'r graen, yn ymbil am help. Nid i mi, ond i eraill sy'n diodde. Faswn i ddim yn gofyn drosta i fy hun – yr hen beth annibynnol 'na eto. Na, mae'n rhaid i mi ganfod ateb ac os nad oes rhywun yn rhywle yn meddu ateb i'r gyfrinach all godi'r baich oddi arna i, mae gen i ofn mai unig fydda i weddill fy oes.

Dwi isio i chi ddallt nad ydi cyfadda hyn yn hawdd . . . Dwi'n chwyrnwr! Na, dwi'n fwy na hynny, dwi'n chwyrnwr da, ymysg y gorau! Dwi'n gwybod mod i wedi dweud o'r blaen y gall fy nhad chwyrnu dros Gymru, ond dwi jyst cyn waethed. Ond yn y gymdeithas sydd ohoni, efo waliau mor denau a'r cymdogion mor agos, mae bod yn chwyrnwr fel diodde o'r gwahanglwyf yn y Canol Oesoedd. Bellach, mi dria i unrhyw beth i wella'r aflwydd; mae byw bywyd

chwyrnwr yn golygu cysgu mewn gwely oer, ac ofni
hepian ar draeth neu ar fws rhag ofn i mi godi
cywilydd. Boed ynghwsg neu'n effro, trist o beth yw
cyfadda eich bod yn swnllyd. Tristach yw ymbil am
help a chanfod distawrwydd.

Ar gau Capel y Graig

Fedra i ddim hawlio mod i'n ddyn Capel; dwi'n rhy
hunanol i fod fawr o Gristion chwaith ond fedra i ddim
gwadu bod y sefydliad wedi chwarae rhan mawr yn fy
natblygiad, a phwy a ŵyr na fydda i'n ailgydio cyn
iddyn nhw gau caead yr arch.

Mi ges i fy magu ym mhentre Penrhosgarnedd.
Roedd 'na adeg pan oedd y pentre ddwy filltir y tu
allan i'r ddinas; bellach, mae wedi cael ei lyncu gan
Bangor ac mae deugain mlynedd wedi newid hanfod y
lle a blaenoriaethau'r trigolion. Pan oeddwn i'n
fachgen roedd 'na gapel, eglwys, siop, WI, ysgol
Saesneg a chlamp o dderwen yn culhau'r lôn. Heddiw
mae 'na fwy o adnoddau, mae'r dderwen wedi
diflannu dan stad o dai ac mae'r capel ar fin cau.

I ddweud y gwir, mae nifer o gapeli Bangor yn cau
wrth iddyn nhw symud pob praidd i un gorlan newydd.
Mae amryw o resymau am gau capel – cyflwr yr
adeilad, prinder addolwyr neu, yn achos Capel y
Graig, y gost o ailwampio i ufuddhau i reolau
diogelwch. Does gen i ddim hawl cytuno nac
anghytuno, dwi ddim yn rhan o'r broses nac yn aelod
o unrhyw gapel bellach, ond mi heriodd fy nhaid
gyfraith gwlad o'r pulpud am flynyddoedd lawer, a

fedra i ddim deall pam bod capel mewn ardal mor freintiedig â Phenrhos yn gorfod cau. Mae'n rhaid ei fod o'n ffynnu; mae'n teulu ni'n dal i hel eu plant i'r Ysgol Sul yno.

Cwta dri mis sydd gan Gapel y Graig ac mi fues i yno i ffarwelio yn ddiweddar. Dydi o ddim gwahanol i unrhyw gapel arall yng Nghymru: adeilad sgwâr, a phob carreg ag arni ôl gwaith crefftwr o oes sydd wedi hen ddiflannu. Yn debyg iawn i'r Methodistiaid Calfinaidd eu hunain does 'na ddim ffrils; mae yno risiau llechi, cyntedd plaen, seti pren caled, to uchel, dim balconi a stafell gefn lle roedd y Band o' Hôp yn cael ei gynnal ar nos Fawrth. Rhaid dweud, pan oedd y pedwar brawd Hardy yn trio dysgu sol-ffa, roedd hi'n fwy o fand nag o hôp. Welsoch chi erioed bedwar efo llai o syniad ynglŷn â beth oedd canu mewn tiwn ac mae hynny'n wir hyd heddiw; felly, os yw 'Crimond' yn cael ei doncio ar biano mewn parti gwnewch yn siŵr nad oes yr un ohonan ni o fewn clyw.

Dwi'n siŵr y gwnaiff Gwyn Erfyl fadda i mi os oedd meddwl un o'i gynulleidfa yn crwydro ar ei Sul olaf o yn y Graig. Doedd a wnelo hynny ddim â'r bregeth ar y temtasiynau, pregeth a ofynnodd i ni edrych o'r newydd ar hen stori. Mi wnes i fy ngorau i edrych ar yr hen gapel o'r newydd ond roedd yr hen atgofion yn rhy gryf. Dyddiau o ddysgu adnod yn ystod y bregeth, cipolwg a chlustfeinio ar dic-toc y cloc yn ystod y weddi, trio peidio cnoi'n rhy galed ar fint imperials Nain, a Mam yn gwneud ei gorau glas i'n stopio ni rhag meddalu gwadna'n sgidia ar y bibell boeth oedd yn pasio dan y sêt.

Roedd y ci yn arfer troi i fyny i udo efo'r emynau ac ypsetio'r codwr canu, ac er bod y Sêt Fawr wedi mynd mae'r atgof o hyd am adnodau perffaith Carys a Rolant yn dal i beri embaras. Roedd eu tad nhw'n athro Ysgol Sul penigamp, ac wrth gwrs roedd rhaid dysgu hanner y Beibl i'r ddau ei ailadrodd yn y capel tra oedd y gweddill ohonon ni'n stryffaglu trwy 'Duw cariad yw'.

Oes a fu, medda chi, falla wir. Oes na ddaw fyth yn ôl, falla; afraid yw byw yn y gorffennol a does dim sicrwydd y bydd fy mhrofiadau i o fudd i neb arall a does gen i ddim hawl gorfodi profiadau tebyg ar eraill. 'Dach chi'n llygad 'ych lle, ond mae gen i hawl i fod yn hynod o ddiolchgar fod 'na chydig o'r Graig ynof fi a siawns bod eraill lawn mor ddiolchgar o fudiadau tebyg.

Arwyr

Sut ydach chi'n diffinio arwr? Fel arfer mi fedra i falu awyr am unrhyw bwnc dan haul ond mae arwyr yn peri problemau. Fedra i ddim meddwl am unrhyw arwr arbennig. Fedra i ddim dweud mod i'n eilunaddoli cewri'r bêl gron, er fy mod i wedi malu sawl gwely yn neidio i fyny ac i lawr yn smalio bod yn Pele, Lev Yashin neu Eusebio. Roedd y peiriant chwarae recordiau'n troi'n ddiddiwedd yn ein tŷ ni ond doedd y Beatles na'r Stones na Dafydd ac Edward yn arwyr. Ac er fy mawr edmygedd o Neil Armstrong wrth iddo gamu ar y lleuad, neu Mohammed Ali wrth iddo efelychu fy nhaid a gwrthod mynd i ryfel, wnes i erioed eu hystyried nhw'n arwyr go iawn.

Roedd 'na luniau ar wal fy ystafell wely, fel pob plentyn arall, ond yr unig un oedd yn cael winc a sws cyn noswylio oedd Jane Asher. Rŵan, doedd hi ddim yn arwres ond mi roedd hi'n goblyn o bishyn, ac wedi troi allan bellach i fod yn dipyn o 'catch' i rywun gan ei bod hi hefyd reit handi o gwmpas y tŷ, ond dwi'n dechrau gwamalu a ffeindia i fyth y diffiniad o arwr os dechreua i feddwl am Jane Asher.

Falla bod yr ateb i'w ganfod wrth edrych adra gyntaf. Ydi'r arwyr wastad yn bobol sydd yn well na chi, yn fwy talentog, mwy caredig, mwy teyrngar, mwy goddefgar? Os ydi hynny'n wir mae 'na filoedd ohonyn nhw, ac fel rhywun sydd wedi cael bywyd reit hawdd yn y bôn, mi fedra i edmygu'r miloedd sy'n medru goresgyn anawsterau a thrasiedi gan gadw gwên a chydbwysedd yn eu bywyd. Y nhw falla yw'r gwir arwyr, y bobol bach di-sylw hynny. Dydyn nhw'n gofyn am ddim nac yn disgwyl dim, ond maen nhw'n haeddu llawer.

Pawb â'i groes, medda nhw, ond mae rhai dan faich trymach nag eraill ac yn ddiarwybod iddyn nhw, maen nhw'n codi cywilydd ar rywun fel fi sy'n rhy barod i gwyno am boenau bywyd. Be wyddon ni am wir aberth? Ella ein bod ni'n agosáu at arwyr wrth i'r frawddeg gynnwys y gair aberth.

Mi fues i'n ffodus i gario baton Gêmau'r Gymanwlad ar ei daith i Fanceinion. Ga i ddiolch, gyda llaw, i drigolion Blaenau Ffestinog am droi i fyny, ac i'm cyd-redwyr, Lowri a Gareth, oedd yn ddigon gonest i ganmol Ysgol y Moelwyn. Dyna i chi beth prin – disgyblion yn cydnabod eu dyled! Delyth roddodd y Baton ar y trên, yn dilyn cadwyn drwy'r dref oedd yn cynnwys tri o ddisgyblion Ysgol Tywyn, y tri dan ddeuddeg ac yn brwydro yn erbyn afiechyd.

Chris oedd un; fo basiodd y Baton i mi. Dair blynedd

ynghynt bu Chris yn diodde o diwmor ar yr ymennydd. Roedd y Baton ddwywaith ei faint, y shorts i lawr at ei fferau ond doedd o ddim am roi'r gorau iddi! Dim ond ambell gur yn ei ben roedd o'n ei gael erbyn hyn, meddai efo gwên, ac roedd o wedi rhedeg adra o'r ysgol bob dydd er mwyn ymarfer. Roedd ei deulu wastad o fewn hyd braich ond doedd mo'u hangen; roedd y bychan yn ddigon o ddyn i gwblhau'r gwaith a'i wên yn lledu gyda phob cam. Waeth i mi gyfadde ddim, ro'n i'n ei theimlo hi'n anrhydedd i rannu ei foment. Mae Beckhams y byd yn iawn yn eu lle ond yn fy nhyb i mae eraill yn fwy teilwng o Oriel yr Anfarwolion.

Adeiladwyr

Mae hogiau 'mrawd, Ben a James, yn eu dydd, wedi bod yn chwarae *Auf Wiedersehen Pet* ar safloedd adeiladu yn Frankfurt, ac erbyn meddwl, mae'n rhyfeddol pa mor agos ydi'r cysylltiad rhwng ein teulu ni a hollt tin adeiladwr (fy ymgais i gyfieithu *'builder's crack'*).

Mae'r Mawr wedi gweithio efo adeiladwr hefyd; roedd ei hen daid o'n brentis i saer maen; Taid Pesda yn giangar; Yncl Dafydd wedi tyrchu ffosydd efo'r Eskimos yn Canada ac mi ges inna ddau haf yn trio troi'r dwylo babi 'ma rwbath yn debyg i ddwylo dyn.

Assistant dumper driver o'n i, ac weithiau'n helpu allan efo'r Jac Codi Baw. Pam fod gen i'r gair 'dreifar' yn y teitl dwi ddim yn gwybod, oherwydd Haydn oedd yn eistedd y tu ôl i'r olwyn tra o'n i'n llwytho ac yn dadlwytho. I fod yn onest, chododd Haydn ddim bys bach i'n helpu fi mewn bron i chwe mis o waith, ond doedd fiw i mi gwyno. O leia mi fasa fo'n prynu peint i mi yn yr Albert ar ddydd Gwener, os oedd ganddo rywfaint ar ôl wedi cyflog dydd Iau; fel arall, fi oedd yn prynu.

Cwt pren oedd y caban, efo llond y bwrdd o boteli llefrith yn datgan hanes creu caws. Fel y fenga, fi oedd yn berwi'r tecell a nôl y te ac unrhyw neges arall roedd ei hangen. Yr unig noddfa oedd y lle chwech, a hyd yn oed wedyn roeddan nhw'n gweiddi ordors drwy'r waliau. Ar y seit y dysgis i smocio. Smocio i ormodedd. Ar y seit y rhois i'r gorau i sigaréts hefyd, er doedd Haydn ddim yn rhy hapus ynglŷn â hynny.

Mi ddysgis bob math o bethau. Sut i stagio ar ferched yn y sgwâr, sut i wincio a chwibanu a sut i swagro o gwmpas y lle heb grys ar fy nghefn, er fod croen hwnnw wedi'i losgi'n amrwd gan yr haul.

Os ydach chi'n darllen y tipyn llith hwn o fflatiau hen bobol Caernarfon, rheini y tu ôl i'r swyddfa bost ar y sgwâr, fi adeiladodd eich tŷ chi! Mae pob twll golau ar y grisiau tu allan wedi'i greu gan gŷn, mwrthwl, galwyni o waed a sawl rheg, ond FI a neb arall ddaru naddu'r twll yn y concrit.

Nid y fflatiau oedd yr unig ryfeddod; roedd Dafydd Goat, er enghraifft, yn medru dawnsio'r *sabre dance* ar fwrdd tafarn, a hynny yn ei welintons! Roedd Wil y Micsar yn gwybod digon am Gemeg i sylweddoli mai'r lle gorau i gysgu wedi noson fawr ar y *cherry bincs* oedd ar y bagiau sment, oedd wastad yn gynnas, a doedd fiw i neb ei styrbio nes iddo ganfod hwyliau gwell wedi i'r penmaenmawr gilio.

Mi ges i'r addysg ryfedda gan Bob, y saer maen, gan

gynnwys perl ar sut i osgoi trawiad ar y galon: 'Mae'n digwydd amla,' medda fo, 'i'r rheini sy'n gweithio mewn swyddfeydd oherwydd eu bod nhw'n dal eu gwynt i mewn. Rhyddha dy wynt – o'r ddau ben – a rhyddha dy galon!'

Cyngor cefn gwlad sydd yn werth ei gadw ar yr amod bod ganddoch chi ffrindiau da iawn, iawn.

Steddfota

'Os nad w't ti'n ofalus mi fydd y Bwci Bo ar dy ôl!' Dyna oedd siars Mam wastad pan fyddai un o'i hepil yn gwrthod ufuddhau. Mewn ambell dŷ, Beirniaid oedd y bygythiad, 'Os nad w't ti'n bwyta dy fwyd fydd y Beirniad yn y Steddfod ddim yn gwenu arna chdi.' Olreit, gronyn o orliwio, falle, ond 'dydio'n od pa mor bell aiff ambell riant er mwyn sicrhau bod Johnny neu Jane, Bedwyr, Brychan, Angharad neu Myfanwy yn cael llwyfan? Mi gefais i gam sawl tro – na, dydy hynny ddim yn wir, mi ges i gam BOB tro.

Pan o'n i'n fach doedd dim posib treulio wythnos heb gael Steddfod: Steddfod Capel, Steddfod Merched y Wawr (a dwi wedi coginio mewn sawl un o'r rheini dan ffugenw), Steddfod Bentre, Steddfod Gylch, Steddfod Sir er, i fod yn deg, oherwydd methiannau'r Steddfod Gylch roedd y Steddfod Sir yn fwy o garu na chystadlu. Dwi, fel sawl un arall, wedi fferru tu cefn i'r Memorial Hall yn disgwyl i Gôr y Merched orffen. Mi ddysgais i fwy yn fanno nag mewn unrhyw brilim.

Dwi hyd yn oed yn cofio gorfod chwarae mewn grŵp sgiffl, a dydi hynny ddim ond yn profi un o ddau beth:

Dyn drama fues i erioed.
'The man who wouldn't go to heaven', tua 1974.

pa mor hen ydw i neu pa mor hen ffasiwn oedd y
Steddfod. Cist de oedd gen i, efo coes brwsh a chortyn
wedi'i dynnu'n dynn, ac mi fedra i ddweud wrthach
chi rŵan, o'n i'n fwy na cŵl efo sbectols *wraparound* a
choler fel adenydd gwylan. Yr unig adeg roedd y
ddelwedd yn cael ei chwalu'n rhacs oedd pan agorwn
i fy ngheg i ganu. Mae 'na lot o wefr mewn
cerddoriaeth fyw, a doedd neb yn amau fy ymroddiad,
dim ond y dalent. Rhowch hi fel hyn: roedd Jac y gath
a finnau'n rhannu'r un cyweirnod.

Roedd hynny'n broblem enfawr yn ystod Steddfodau'r
ysgol. Am ryw reswm roedd yr athrawon yn credu ei
bod hi'n goblyn o jôc i roi boi oedd yn fwy cyfarwydd â
meysydd mwdlyd pêl-droed i ganu ar lwyfan.

Guaranteed crowd puller ac yn dda i'r *street cred*. Nhw, gyda llaw, oedd yn dweud hynna, nid y fi.

'Ti'n canu, Hardy!'

'Cha i ddim agor a chau'r llenni, a gaddo byhafio, Syr?'

'Ti'n canu!' Ac felly bu rhaid iddi fod.

Ond mae pawb yn medru adrodd 'tydyn? Pa ffŵl sydd ddim yn medru dysgu ambell bennill a'u hadrodd yn gyhoeddus? Wel fi yn un, ond y gwir broblem oedd fy mod yn cystadlu yn erbyn pobol aeth yn eu blaenau i ennill gwobrau Llwyd o'r Bryn. Fel dwi wedi sôn o'r blaen, byddai Carys a Rolant yn codi embaras arna i bob dydd Sul. Erbyn iddyn nhw orffen doedd 'na ddim llawer o'r Beibl na'r llyfr emynau ar ôl, a fi 'di'r unig un sydd wedi cyrraedd ei arddegau yn dal i gynnig 'Duw cariad yw'.

Ro'n i hefyd yn erbyn y giamocs 'ma o wneud stumiau. Roedd rhai plant yn cael gwersi preifat mewn gwneud stumiau ac roeddach chi'n eu gweld nhw'n ymarfer cyn dechrau'r rhagbrawf, ac yn mynd i *overdrive* pe baen nhw'n digwydd cael llwyfan. 'Y geiriau sy'n bwysig' oedd fy agwedd i: sefyll yn sgwâr a dweud eich pwt ond, yn anffodus, buan iawn roedd dyn yn synhwyro diddordeb y beirniad yn edwino a dyna fi wedi cael cam eto.

Dwy droed chwith oedd gen i yn y dawnsio gwerin, ond troed chwith ydw i yn naturiol beth bynnag. Nid bod hynny fawr o help i Manon Eames druan, oedd â'r dasg o broffwydo symudiad nesaf y person lleia tebyg i Fred Astaire a welodd hi'n ei byw. Doedd yna ddim siawns fod Dawnswyr Nantgarw yn mynd i gnocio ar y drws.

Ga i ychwanegu nad oedd y steddfota'n hollol

ddiffrwyth; mi gyrhaeddon ni'r Genedlaethol un flwyddyn. Mi fasan ni wedi bod yno'n amlach heblaw fod gan griw dawnsio gwerin Ysgol Pentir wisgoedd go iawn. Ond mae'n rhaid fod Pentir wedi cael hunllef y tro yma, rhywbeth tebyg i'r un gawson ni yn y rhagbrawf. Doedden ni ddim yn sgwâr ac mi lwyddais i gael Manon yn llythrennol i fyny yn erbyn y wal, a nunlle i fynd heblaw adra. Ond mi guron ni Pentir . . .

Wedi hynny mynychu heb gystadlu oedd y nod. Roedd Huw Mul a fi yn cerdded milltiroedd er mwyn loetran y tu ôl i'r Neuadd Goffa ar bnawn y Steddfod Sir. Dwi'n cofio ymwahanu o rwymau rhyw ferch un flwyddyn, ac ynghanol y lipstic, y lastic a'r chewing gum mi drodd ata i a sibrwd, 'Dwyt ti ddim yn dda iawn, nagwyt!' Dwi'n credu ei bod hi'n feirniad bellach.

Pw Pw Mawr

Dyma i chi gwestiwn. Pam fod gan bron pob gwlad rhyw stori neu chwedl am ddilledyn arbennig? Hyd yn oed yn y Beibl mae siaced fraith Joseff yn creu stŵr, a gronyn yn nes at adra yn ein Steddfod ni ein hunain, mae yna Goron, Cadair, Medal a Siaced Felen. Y Goron, y Gadair a'r Fedal yn ennyn parch a bri, a'r siaced felen yn ennyn dirmyg a drwgdeimlad. Credwch chi fi, dwi'n gwybod; fi ydi'r Siaced Felen, fi dderbyniodd y dirmyg, er mi ges i well bargen na'r pŵr dabs ar y maes parcio a gafodd fywyd lot caletach na fi.

Mae siaced felen y stiward yn sugno'ch personoliaeth. I'r cyhoedd mae'r bod dynol yn diflannu a dydach chi ddim gwell na rhywun sy'n benderfynol o'u rhwystro nhw rhag cyrraedd rhagbrawf. Ga i ymddiheuro, gyda llaw, i bawb wnes i anfon i'r stafell anghywir. Doedd o ddim yn fwriadol ond pe baech chi wedi gwrando'n fwy astud, falla y basa'r profiad wedi bod yn fwy dymunol.

Roedd hyd yn oed ffrindiau agos wedi eu dallu gan y siaced felen, 'Wnes i ddim dy nabod di,' oedd yr ymateb. Naddo siŵr, doeddan nhw ddim yn edrych dim pellach na'r ffynhonnell wybodaeth a tydi dyn neu ddynes mewn siaced felen, ffrind neu beidio, yn ddim ond rhwystr.

Yn nhermau statws, chefais i ddim pethau yn rhy ddrwg. Darn o wal i bwyso yn ei herbyn, gofal un o ddrysau Ysgol Fitzalan ac mi ges gyffwrdd mewn telyn. Yn anffodus fi oedd plisman y lle chwech hefyd ac mi all hynny fod ronyn yn ddelicet pan mae'r merched yn mynnu meddiannu tŷ bach y bechgyn oherwydd eu bod nhw'n rhy ddiog i gerdded ugain llath i'w hun nhw.

Mantais y siaced felen yw ei bod yn eich troi chi'n gwbwl anweledig ac yn rhoi'r hawl i chi wrando ar unrhyw sgwrs: 'Gas gen i Steddfod yr Urdd. Does 'na ddim byd ond athrawon a phlant pobol eraill ac rydw i'n cael digon o hynny yn y gwaith bob dydd.' 'Paid â dweud wrth Mam ond doeddwn i ddim yn dda iawn a dydw i ddim yn meddwl ga i lwyfan.' 'Faswn i ddim wedi dod ond mae o'n gyfla i gal snog efo Wil Cae Berllan heno.'

Nid Mam oedd yr unig broblem; roedd Nain, Taid, Dad a fflyd o frodyr a chwiorydd wedi dod i lawr hefyd ac roedd Dad wedi datgan yn barod nad oedd boreau cynnar y rhagbrofion yn cyd-fynd efo lysh y noson cynt. Mae yna bwysau aruthrol ar blenlyn pan mae Dad yn diodde o benmaenmawr a statws Mam yn Merched y Wawr yn dibynnu ar lwyddiant Angharad Ffion yn y Steddfod. Mae methu cael llwyfan yn golygu mis yn y tŷ a thri dydd Sul yn sêt gefn y capel er mwyn medru sleifio allan yn gynnar i osgoi ateb unrhyw gwestiynau am y Steddfod.

Safodd sawl oedolyn o fewn llathen i mi gan fy nhrafod fel taswn i'n fud a byddar: 'Ti'n meddwl fod hwn yn gwybod lle mae Johnny i fod?' 'Mae golwg wirion arno fo; pam ei fod o'n gwenu drwy'r amser?' 'Be mae'n ddeud ar y bathodyn? Stiward?' 'Sgynno fo fap a rhestr testunau?'

Mae plant bach ronyn yn fwy agored efo'r siaced felen, a heb orliwio o gwbwl, roedd un yn arwr. Erbyn hyn roedd y merched wedi ymsefydlu yn nhoiledau'r bechgyn a finnau ar fin ffonio rhywun mewn awdurdod i achub y sefyllfa, ond fu dim rhaid. Yn ddisymwth mi gliriodd y lle chwech, ac o ganol yr helbul mi ymddangosodd hogyn pum mlwydd oed efo gwên lydan ar ei wyneb.

'Dwi 'di gwneud pw-pw MAWR!' medda fo wrth y siaced felen, ac er fod yna ddeugain mlynedd rhyngon ni roedd y siaced felen yn gwybod cystal â fo mai dyma'r ateb i broblem y merched yn y lle chwech, a'r ateb i bob cwestiwn arall, 'tai hi'n dod i hynny, oedd pw-pw MAWR.

Diwrnod Chwaraeon

Mae 'na lot o nonsens yn cael ei draethu am chwaraeon. Fydd o byth y peth pwysica ar wyneb daear ond mae 'na fwy o bobol yn ymddiddori mewn chwaraeon nag sy'n pleidleisio, felly mae'n rhaid ei fod o'n weddol berthnasol. Wyddoch chi fod y ffiniau rhwng chwaraeon a *show biz* mor aneglur fel bod yna bobol yn Tseina wedi clywed am Giggs a Beckham hyd yn oed os nad ydyn nhw'n gwybod i bwy maen nhw'n chwarae? Yn sicr mae Manchester United yn fwy adnabyddus ledled y byd na'r Blaid Lafur.

'Nôl at y nonsens. Dwi ddim yn cofio pwy oedd yr hulpen wirion yn Llundain awgrymodd nad oedd chwaraeon i fod yn gystadleuol. Doedd hi ddim yn sylweddoli bod chwaraeon heb gystadleuaeth, boed yn erbyn eich hunan neu rywun arall, fel cael bara heb fenyn! Nid mwynhad pur yw'r prif bwrpas i bawb. Mi fasa rhai yn dadla bod y cystadlu yn bwysicach o lawer na'r ennill, eraill yn dadla mai ennill ydi'r unig bwrpas i chwaraeon, ac mae hi'n anodd dadla gyda'r naill ochr a'r llall. Does yna ddim ond un ddadl glir yn fy marn i: MAE CHWARAEON HEB GYSTADLEUAETH YN DDIWERTH! Sy'n dod â fi'n ddel at fwrdwn y neges.

Mae plant yn Lloegr wedi bod yn cwyno bod eu rhieni yn codi embaras arnyn nhw yn ystod diwrnod chwaraeon yr ysgol. Mae presenoldeb Mami a Dadi cynddrwg fel bod y plantos druain yn gwrthod cystadlu o gwbwl. Mae'r wefr o ennill a'r ing o golli wedi ei drawsnewid o'r plentyn i'r rhieni a tydi'r gystadleuaeth ddim yn bleser. Mae'n esgus parod dros beidio cystadlu i ambell blentyn a doedd hi ddim syndod yn Ysgol Dyffryn Ogwen erstalwm bod ambell un yn nodi diwrnod chwaraeon yr ysgol fisoedd ymlaen llaw er mwyn sicrhau papur doctor.

Fydd o fawr o syndod i chi wybod nad oeddwn i'n un o'r rheini. I ddisgybl twp fel fi, diwrnod chwaraeon oedd yr unig gyfle i serennu, yn enwedig pan oedd Joe PT yn mynnu bod yn rhaid i mi gystadlu ymhob camp, o'r shot i'r sbrint, yn y gobaith y byddai tŷ Tryfan yn ennill rhywbeth. Trwy ryfedd wyrth, chwaraeon oedd cryfder Tryfan. Dafydd a Llywelyn oedd yn rhannu'r steddfoda a ballu, ond pan ddôi hi at redeg neu gicio

pêl doedd yna ddim ond un tŷ ynddi. Doedd 'na ddim llawer o frêns gan hogiau Tryfan ond digon o rubanau ar ddiwrnod sports, a dyna'r unig adeg fasa'r Rafins yn gwisgo rhuban efo parch ac urddas.

Adnoddau oedd embaras Ysgol Dyffryn Ogwen. Roedd angen rhedeg rownd y cae ffwtbol wyth gwaith i orffen y ras filltir – digon i wneud dyn yn chwil! Haenen dena o dywod oedd glanfa'r naid uchel, lle roedd y defaid wedi bod yn crafu, ac roedd angen bod yn ddewr neu'n dwp i fentro neidio i'w ganol o. Pan gefais i fynd i'r Genedlaethol yng Nghwmbrân i gystadlu ar y naid uchel, roedd yno glustog fawr yn llawn o aer i lanio ynddi! Yr unig broblem, a phroblem nid ansylweddol, oedd ei fod o'n uwch nag yr oeddwn i wedi neidio erioed, ac wedi rhoi cynnig arni deirgwaith a glanio dan y bar ac yn erbyn ochr y bag, mi ddois i adra efo 'nghynffon rhwng fy nghoesau.

Os ewch chi i wylio'r epil ar ddiwrnod Chwaraeon byddwch yn ofalus i beidio'u siomi. Peidiwch â chodi embaras arnyn nhw, peidiwch sgrechian, peidiwch dwrdio, a chofiwch, os ydach chi'n ddigon annoeth i gystadlu mewn ras rhieni, peidiwch ennill a pheidiwch da chi â dod yn olaf. Does neb yn licio ceffyl blaen a neb yn sicr yn parchu collwr gwael. A does neb, yn bendant, isio profi'r hulpan yna o Lundain yn iawn.

Taid

Maddeuwch i mi os ydw i ronyn yn fwy lleddf na llon y bore 'ma, oherwydd ar y diwrnod yma bob blwyddyn mi fydda i'n cofio gŵr a anwyd dros ganrif yn ôl: fy nhaid. Yr hynaf o bedwar ar ddeg o blant, fe'i magwyd gan ei nain ac roedd y ddau yn darllen y Beibl gyda'i gilydd am y seithfed tro pan fu'n rhaid iddo fynd, yn groes i'w hewyllys hi, i'r Rhyfel Mawr. Mi welodd erchyllterau'r Somme ac, erbyn yr Ail Ryfel Byd, roedd nid yn unig wedi ateb yr alwad i'r weinidogaeth lle y datblygodd i fod yn un o hoelion wyth y pregethwyr mawr, ond roedd o hefyd yn heddychwr brwd ac yn dadlau gyda Lloyd George yn erbyn ysgol fomio Penyberth. Fo gafodd y gair ola hefyd gan ei fod o'n un o'r gweinidogion a'i claddodd o yn Llanystumdwy. Roedd o wastad yn dweud fod angen carreg go fawr i'w gadw yno, er bod Anti Daisy yn mynnu fod yna fwy

99

o gelwydd na gwirionedd yn cael ei ddweud am Iarll Dwyfor.

Doedd o ddim yn ddyn chwaraeon, heblaw am y reslo yng nghwmni Kent Walton ar brynhawn Sadwrn, lle roedd o wrth ei fodd gyda champau Billy Two Rivers, Kendo Nagasaki a Les Kellett. Yn ei chwedegau,

mi gymrodd ofal eglwys yn Detroit, lle y'i gwelwyd yn rhes flaen reslo'r teledu gan ei braidd ar sawl achlysur, yn amlach na dim yn dwrdio dyfarnwyr y sgwâr.

Heblaw am Detroit mi gafodd ofalaeth capeli yng Nghricieth, Llansannan a Chonwy. Tri phen i bob pregeth, pesychiad bach sych, hiwmor hyd yn oed yn sychach, a'r cetyn byth yn bell o'i gyrraedd wrth iddo greu tagfeydd traffic anferthol wrth iddo ymlwybro'n hamddenol tuag adra o'i gyhoeddiad.

Wrth ei hebrwng o gapel i gapel y dysgais i yrru hen Ford Popular pedair gêr, gan gynnwys rifyrs, a dim syncromesh. Doedd ganddo fo ddim ofn crwydro ond roedd o'n ffond iawn o'i filltir sgwâr. Roedd Capel Carneddi o fewn ychydig filltiroedd i'w hen gartref yn Llwyn Celyn Bach, felly i ffwrdd â ni, fynta'n chwythu mwg o'i getyn ac yn fy siarsio i gadw'n glir o'r tin-tacks yn y ffos, a 'run ohonon ni'n ymwybodol o'r hyn oedd i ddod.

Ynte oedd o dudwch? Fe soniodd yn ei bregeth nad oedd o wedi gwneud digon i gael ei ddwyn i'r unig gyfamod na thorrir gan angau na'r bedd. Mi newidiodd ei emyn olaf ac yna, wedi iddo orffen ei waith a'r bregeth olaf ar ben, fe fu farw yn sêt fawr Capel Carneddi un mlynedd ar hugain yn ôl i'r bore 'ma.

Falle i chi glywed J. W. Jones yn pregethu rhywdro. Mwy na thebyg dyw'r enw'n golygu dim i chi, ond o bryd i'w gilydd mi wela i dinc o Taid yn fy nheulu. Dydyn nhw ddim tlotach o'i herwydd a dwi'n hynod o ddiolchgar fod rhimyn o'r dalent a'r daioni a fu yn dal yn fyw yn yr etifedd.

Criced

Pan mae'r tywydd yn dechrau gwella mae dyn yn dechrau hel ei feddwl at bethau eraill. Mae'r ffaith ein bod ni'n medru rhoi dillad ar y lein yn arwydd bod yr haf ar fin cyrrraedd, a'i bod hi'n amser arholiadau a phlant yn adolygu fel lladd nadroedd, tra mae Lloegr yn cael cweir ar gae pêl-droed a chae criced (i gyd ar yr un diwrnod, gobeithio!). Mae Sulwyn Tomos a chriw carafanwyr Cymru yn llnau eu toiledau cemegol ac yn cael barbaciw yn yr ardd gefn er mwyn paratoi ar gyfer y 'tymor', sef Primin Môn, Sioe Llanelwedd a'r Steddfod Genedlaethol. Mae'n bwysig fod popeth yn berffaith, ac yn yr ardd gefn gudd mae gwneud y camgymeriadau, nid yng ngolwg crach y carafanwyr. Mi fasa hynny jest yn ormod.

Pa arwyddion eraill sydd 'na bod yr haf ar fin cyrraedd? Galwad ffôn gan Glwb y Dwrlyn. Dwi wastad wedi bwriadu bod yn aelod ond erioed wedi talu'r tanysgrifiad, a dim ond ar gae criced maen nhw f'angen i.

'Wyt ti'n dal i ffitio i dy ddillad criced?' medda fo'n ddigon haerllug.

'Ydw,' medda fi, yn ddigon ansicr ond yn gobeithio fod y trowsus lastig yn mynd i mestyn rownd canol oedd bellach wedi chwyddo heibio'r label canolig ac angen un o'r trowsusa hynny mae merched yn eu prynu yn Mothercare pan nad oes ond wythnos neu ddwy i fynd cyn y geni.

'Wenfo erbyn chwech 'ta. 'Dan ni'n chwarae Amgueddfa Sain Ffagan.'

'Y staff 'ta'r cynnwys?' medda fi, ond roedd o wedi mynd gan fy ngadael yn gweddïo y byddai'r glaw oedd yn disgyn ym Mhontypridd dair gwaith gwaeth yng nghyffiniau Caerdydd.

Toedd y Bod Mawr ddim yn gwenu. Roedd hi'n sych i lawr yn Wenfo ac yn waeth na hynny, dim ond saith dyn oedd ganddon ni. Hyd y gwn i does yna ddim y fath beth â 'chriced-saith-bob-ochr', a doeddwn i ddim yn licio golwg eu tîm nhw chwaith – roedd un yn gwisgo cap – mae hynny wastad yn arwydd drwg ac yn awgrymu'n gry ei fod o wedi chwarae o'r blaen. Doedd yna'r un cap yn ein tîm ni! Roedd pedair blynedd wedi mynd heibio ers i'r Dwrlyn fentro ar y cae criced ddwytha ac roedd hanner y tîm hwnnw un ai wedi marw neu ar eu pensiwn. Doedd 'na ddim golwg da iawn ar beth oedd ar ôl chwaith ac roedd y pads a'r bat a'r bocs yn fwy addas i'r Amgueddfa Werin na chae criced modern. Nid yn annhebyg i'r tîm i fod yn gwbwl onest.

Roedd angen gwyrth neu Hansie Cronje i sicrhau llwyddiant, a chan ein bod ni'n brin o chwaraewyr bu'n rhaid i ni fatio gynta a maesu yn y tywyllwch a'r glaw mân oedd wedi'n dilyn ni i lawr i Gaerdydd. Mi gefais i slap ar fy ngên wrth ollwng pêl, a chefais i ddim cyfle i wynebu'r bowlio gan fod rhyw idiot y pen arall dan yr argraff fod gen i goesau milgi! Do mi ddaru ni golli, ond efo urddas, a'r sicrwydd pe baen ni i gyd ronyn yn fengach mai ganddon ni y basa'r fuddugoliaeth, y parch a'r bri. Mae 'na gysur mewn twyllo'n hunain, weithia.

Americanwyr

Yn bersonol does gen i ddim byd yn erbyn Americanwyr. Mi fues i'n byw yno am bron i flwyddyn ar ddechrau'r chwedegau ac mi wnes i ddiodde'r lle am fis yn ystod Gêmau Olympaidd Atlanta. Maen nhw'n genedl y *stars and stripes* er y basa cylchoedd yn fwy addas i bobol sy'n addoli'r *hamburger*. Fel unigolion maen nhw'n gwrtais a charedig, ond yn gyffredinol welais i neb fwy mewnblyg a thwp yn fy myw.

Mi ddylen nhw wybod yn well. Onid ydy pawb o bob man wedi heidio yno i'r fath radda fel bod 'na fwy o Sbaeneg mewn rhai dinasoedd nag o Saesneg. Pan oeddan ni'n byw yn Boston roedd ein stryd ni'n llawn Gwyddelod. Roedd y tŷ, gyda llaw, fel rhywbeth allan o *Nightmare on Elm Street*, tŷ pren, feranda efo swing, a hen ddynes a'i mab – heb fod llawn llathan ac yn mynnu chwarae tri chord ar y piano yn oriau mân y bore – yn byw i fyny'r grisia. Roedd Dafydd yn gorfod saliwtio'r faner cyn dechrau ar ei wersi bob dydd ac mi dreuliai'r daith adra yn trio waldio hanner hogiau'r stryd. Hyd yn oed mor ifanc â hynny roedd ganddo fo *death wish*.

Mae 'na, wrth gwrs, rywfaint o waed Cymreig yn yr hen US of A, ac mi fasa 'na fwy pe bai'r *Mimosa* wedi troi i'r dde yn lle mynd â thylwyth crach Cymru i Batagonia! Os cofia i'n iawn mae 'na Gymro ar y 'Declaration of Independence' gafodd ei ddathlu yng Ngorffennaf 1776, ac os nad ydi Venus a Serena Williams yn hanu o deulu Williamsiaid Crymych, welais i erioed wên lydan ar wyneb cowboi! Mae'r ddwy yn hanu o deulu o bump o ferched, gyda chefnllaw 'sa'n gwneud i chi dincian. Dyn a helpo'r hogyn aiff yno i garu. Sut y magon nhw ferched mor 'tebol, wn i ddim.

Dwi'n hoff o fwyd, ac yn un sy'n clirio 'mhlât yn reit sydyn. Mi fwyta i unrhyw beth heblaw tomatos tun a grits. 'Be 'di grits?' medda chi; wel i fod yn hollol onest, dydw i ddim yn gwybod. Ym Merica y gwnes i eu ffeindio nhw ac maen nhw'n ffiaidd! Bron cynddrwg â *root beer* ac roedd cyfuniad o'r ddau yn cael effaith yr mwyaf anffodus ar stumog dyn! Dwi'n gwybod rŵan pam y cafodd *Gone with the Wind* ei ffilmio yn Atlanta! Lle digon di-nod ydi fanno, gyda llaw. Cartref Martin Luther King a CNN, ond oedd yn arfer cael ei alw yn Terminus oherwydd bod y trenau'n stopio yno. Mae o fel galw Crewe yn Station, neu Llangollen yn Steddfod.

Hanner sgwrs oedd gan bawb, 'Can I help you, Sir?' 'Yes, please,' ac o fewn chwinciad chwannen roeddan nhw wedi diflannu! Gofyn oedd eu job nhw; roedd gwneud rhywbeth amdano fo wedyn yn beth diarth iawn iddyn nhw.

'Where do you come from?' oedd y ffefryn arall, a byw yn y gobaith mai Cleveland neu Chicago fyddai'r ateb. Trwy gydol mis cyfan doedd neb wedi clywed am Gymru, a doedd 'left of England, right of Ireland' fawr o help chwaith.

Erbyn y diwedd ro'n i'n reit flin, 'I come from Wales and I bet you don't know where that is!'

'Certainly do,' medda rhyw ddihiryn, 'and I'd sincerely like to know what life was like under the old Soviet regime.' Rhain roddodd Neil Armstrong ar y lleuad. Lwcus nad Llandudno oedd o!

Garddio

'Anobeithiol'. Tydi'r eglurhad yn y *Geiriadur Mawr* ddim yn gwneud cyfiawnder â'r gair. Rhywsut tydi o ddim yn canolbwyntio digon ar yr anobaith a'r ffaith mai dim ond anobaith llwyr sydd yn disgwyl y sawl sy'n anobeithiol. Pe bai term sy'n cyfleu hynna i gyd yn cael ei fathu mi fysa'n ddisgrifiad perffaith o rywun fel fi o amgylch y tŷ. Yn anffodus mae'r gwanwyn yn golygu fod yr ardd angen ei thrin a'r heulwen yn datgelu haenen dew o lwch, sy'n gynnes o ddibwys yn y gaeaf. Mae'r cymdogion yn dechrau edrych arna i fel un o'r *Neighbours from Hell*.

Bob nos cyn clwydo, dwi'n gweddïo y daw Alan

Titchmarsh neu Carol Smillie efo'r wawr. Mae fy nhŷ i'n berffaith ar gyfer *Ground Force* neu *Changing Rooms*. Yr unig amheuaeth yw a oes 'na ddigon yng nghyllideb y BBC i wneud unrhyw wahaniaeth. Mi faswn i hyd yn oed yn croesawu Gerallt Pennant acw, ac mae hynny'n ddweud mawr.

Fore Mercher diwetha, er enghraifft, mi fues i'n ymladd hyd at waed efo rhyw ddraenen wen oedd wedi tyfu'n wyllt yn yr ardd ffrynt. Mae lawntiau gerddi ffrynt y tai cyfagos yn cael eu torri efo siswrn gwinedd ac mae'r boi drws nesaf wedi rhoi enw tri garddwr lleol i mi'n barod! Dwi wedi laru rhedeg o'r drws ffrynt i'r car er mwyn osgoi mwy o gwestiynau ynglŷn â'r cae tatws sy gen i o flaen y tŷ. Be dydyn nhw ddim yn ei ddeall ydi pe bawn i'n lladd y chwyn a'r mwsog, fasa 'na ddim byd ar ôl heblaw sgwaryn o fwd, er, wedi meddwl, siawns y basa fo'n haws i'w drin wedyn.

Does gen i ddim llawer o dalentau ac yn sicr tydi garddio a chadw tŷ ddim yn uchel ar y CV, os ydyn nhw'n ymddangos o gwbwl. Mae gen i Flymo sydd ddim yn hedfan, hwfer sydd ddim yn sugno, peiriant golchi sydd yn newid lliw y dillad a hetar smwddio sy'n poeri stêm i bob man a meddalu crysau.

Peidiwch â chamddeall, dwi'n gwneud fy ngorau glas ond does dim yn tycio. Dwi'n gwario punnoedd ar blanhigion er mwyn cael y pleser o'u lladd nhw. Fi blannodd y ddraenen wen ac mae John drws nesaf yn dw lal oherwydd fod angen ysgol i gyrraedd y Leylandi yn barod. Cofiwch chi, maen nhw wedi troi'n frown eleni a dwi'n ama a fyddan nhw yma'n hir. Dwi'n gwneud pethau gwirion fel defnyddio'r un can dŵr ar gyfer lladd chwyn a dyfrio blodau. Mae'r chwyn yn ffynnu a does dim angen gofyn be ddigwyddodd i'r blodau.

Fi oedd yr un blannodd ddeuddeg pwys o datws, gan ddisgwyl cynhaeaf swmpus. Deuddeg pwys rois i i mewn a deuddeg pwys gefais i'n ôl, a doedd yr ymdrechion efo'r tomatos a'r ciwcymbers ddim gwell chwaith.

Ac o sôn am lysiau, mae hi'n ben-blwydd Clwb Pêl-droed Cymry Caerdydd ac mi fydd Crocs y Cymric yn ymgynnull yn Nhrelái fore Sul i brofi fod talent yn diflannu gyda henaint. Mi fydd ocsigen a pharamedics ar gael a'r bwriad yw cynnal yr angladdau ddydd Mawrth. Am ryw reswm mae pawb yn chwerthin pan dwi'n dweud wrthyn nhw mod i'n bwriadu chwarae ond mi ddylen nhw wybod yn well na neb y gwna i unrhyw beth i osgoi garddio.

Henaint, Balchder a Phêl-droed

'Henaint ni ddaw ei hunan,' meddan nhw, ond prin ydi'r dynion sy'n tyfu i fyny wrth iddyn nhw dyfu'n hen. Balchder ydi'r broblem. Mae'r adran chwaraeon yn llawn o gnafon ifanc; prin bod eu hanner nhw allan o'u clytiau, ond eto maen nhw'n dal yn ddigon craff i wybod lle mae man gwan yr hen Hardy.

'Ti isio chwarae ffwtbol nos Lun?' medda un yn gellweirus, efo rhyw wên slei ar ei wyneb. Rŵan, yr ateb call i unrhyw ddyn sydd, fel fi, dros ei ddeugain oed ac wedi cael sbel go dda yn yr Ysgol Sul erstalwm oedd, 'Dim diolch. Pan ddeuthum yn ddyn mi a roddais heibio bethau bachgennaidd,' a dyna'n union faswn i wedi'i ddweud hefyd heblaw bod y mân chwerthin 'ma wedi dechrau. Yn sydyn ac yn ddisymwth roedd yr holwr yn destun sbort am ofyn. Roedd hanner y tîm lai na hanner fy oedran i a neb arall o fewn pymtheg mlynedd i mi. Roedd hi hefyd yn bum mlynedd dda ers i mi gicio pêl, a hynny dan brotest i glwb y Cymric, a addawodd ugain munud o gêm ond a drodd yn awr a hanner. Wedi deng munud ro'n i'n anadlu'n drwm; wedi ugain prin fod y fegin yn gweithio o gwbwl ac ar ôl awr ro'n i'n trio tynnu

Tîm pêl-droed Bethesda tua 1972.

ocsigen drwy unrhyw dwll oedd ar gael. Ro'n i'n gwybod y bysa fo'n digwydd; mi rois rybudd bach i mi fy hun cyn cychwyn, ond yn ofer.

Rhwng y balchder a'r synnwyr cyffredin doedd 'na ddim ond un buddugwr ac erbyn i mi dderbyn yr her roedd hanner yr adeilad yn gwybod fod yr eliffant ar ei ffordd yn ôl i'r cae chwarae. Byddai dieithriaid llwyr yn stopio i holi a oedd y stori'n wir. A oedd angen rhagrybuddio Ysbyty'r Waen a threfnu paramedic, jyst rhag ofn? Roedd cyd-weithwyr yn anghrediniol fod un o dynnwyr coes yr adran wedi'i dwyllo gan dric mor syml, dyn radio yn poeni am ei ddelwedd yn hytrach na'i fywyd, a phe bawn i'n cael hartan be oedd sefyllfa'r Mawr a Bỳch?

Mi lwyddais i wthio pethau tebyg o'r naill du. Doeddwn i ddim wedi mendio gant y cant ar ôl bowt o ffliw ond roedd hi'n amhosib tynnu'n ôl, er bod y gic gyntaf yn cydredeg â storm o wynt a glaw. Prin fod cyfansoddiad y ddau dîm o help 'chwaith – roedd gan y gwrthwynebwyr lifrai go iawn; roedd hanner ein tîm ni'n diosg sbectols cyn dechrau, a hynny'n cynnwys y golwr.

Tîm o S4C oedd y gwrthwynebwyr, er pan ofynnis i i ddau chwaraewr am fenthyg pêl er mwyn cynhesu, yr unig ateb gefais i oedd, 'Sorry mate, don't speak Welsh.' Fedra i ddim penderfynu ai polisi cydraddoldeb S4C oedd yn gyfrifol am hynny ynteu'r ffaith mai cyn-ddisgyblion Glantaf, Llanhari neu Rydfelen oedden nhw, ac wedi penderfynu eu bod nhw'n siarad gormod o Gymraeg yn yr ysgol i gynnal yr arferiad yn eu hamser sbâr. Na, doedd hynny ddim yn bosib; roeddan nhw'n bêl-droedwyr da ac mae pawb yn gwybod nad ydi ysgolion Cymru'n chwarae pêl-droed.

O ran yr hen Hardy, pwyll oedd pia hi, wedi cydio mewn ail (neu bumed) wynt bron i mi ddechrau mwynhau fy hun; yn anffodus roedd cwymp i ddod. Dim ond un eiliad ddrud o ffolineb. Ymgais deg at gic dros ysgwydd a hanner ffordd drwy'r ymdrech mi sylweddolais y gwahaniaeth rhwng dychymyg a gallu. Roedd y glec, wrth lanio'n fflat ar fy nghefn yn . . . wel, doedd Krakatoa ddim ynddi ac mae'n lwcus nad ydi Caerdydd ar ryw San Andreas fault. Mae'r cleisiau'n dal gen i ond o leia mae'r ddelwedd yn dal yn gyfan a dyw plant bach ifanc yr adran chwaraeon ddim cweit mor ddilornus ohona i bellach.

Llinach

Nid yn aml mae Undeb Rygbi Cymru yn creu creisis yn ein tŷ ni. 'Dach chi'n cofio, rai blynyddoedd yn ôl, ymhell cyn bod unrhyw sôn am Gamp Lawn, ymhell cyn bod Cymro'n cael rhedeg y tîm, roedd gan y gŵr o Seland Newydd, Graham Henry, gynllun i'n rhoi ar y map? Yn anffodus doedd ei ddaearyddiaeth o ddim yn sbesial ac fe lwyddodd i ddewis chwaraewyr nad oeddynt yn hanu o Walia lân. Roedd estroniaid yn ein tîm cenedlaethol a hynny'n creu cryn embaras. Nid bois y Brains oedd y rhain a does 'na ddim amheuaeth eu bod nhw wedi gadael blas y Welsh Bitter ar eu hôl.

Does gen i ddim byd yn erbyn Brett Simkinson na Shane Howarth; a dweud y gwir, chwerthin wnes i pan glywais i nad oedd yr hen Brett yn sicr ai yng Nghaerfyrddin ynteu yng Nghaernarfon y ganwyd ei daid o. Wel mae'r ddau yn dechrau efo C cyn treiglo, ac maen nhw'n swnio'n ddigon tebyg i'w gilydd. Ar y llaw arall dydyn nhw ddim byd tebyg i Oldham, lle cafodd ei daid ei eni go iawn. Mi fedra i ddeall unrhyw un yn anfodlon cyfadda'i fod o'n hanu o Oldham; anos dirnad y buasai'r Undeb mor gibddall â chymryd blaenwr rygbi wrth ei air.

Pam fod hyn yn creu crisis yn ein tŷ ni, ta? Wel dwylo

i fyny pawb sydd yn gwybod lle cafodd eu neiniau a'u teidiau eu geni. Roedd yn rhaid i mi ffonio Dad, ac yn ôl ei arfer fe gymrodd o lai na deg eiliad i basio'r ffôn i Mam. Un fel'na ydi Dad. Mae o'n licio cadw at *agenda* hyd yn oed pan mae o ar y ffôn. Mam sy'n delio efo'r *any other business* ac mae hynny'n cynnwys mab efo *identity crisis.*

Gan Mam mae'r wybodaeth i gyd, ac er bod y teulu

Y bois yn Boston (U.D. nid Swydd Lincoln) tua 1960.

wedi crwydro fel sipsiwn ar ddechrau'r chwedegau: Lloegr, Merica, Pen-y-bont, Conwy a Bangor, mae ei chof hi'n weddol ynglŷn â'r pethau pwysig.

Mi gafodd Dafydd ei eni yn Lloegr, Robin a finna ym Mangor a Huw yng Nghaerdydd. Mae gen i un taid wedi'i eni ym Manceinion a'r llall yn Llanfairfechan, un nain wedi gweld golau dydd am y tro cyntaf yn Llundain a'r llall yn Llangywer. Wedyn fe anwyd fy nhad ym Manceinion, cyn symud fel faciwî i'r Bala, lle cafodd Mam ei geni, yn Druid House, lle roedd y teulu ar eu gwyliau.

Dwi'n Gymro, ond ydw i'n Gog neu'n Hwntw? O ran genedigaeth ac acen dwi'n Gog, dwi'n teimlo fel Gog ac mi wnes i briodi Gog, ond mae Bỳch a Mawr wedi'u geni yn Hwntws ond yn swnio fel Gogs, nes y cymharwch chi nhw efo Gogs go iawn.

Be ydw i, ta? Dwi wedi treulio dros hanner fy oes yn y de, o bryd i'w gilydd mi wna i ddefnyddio geiriau fel 'cwrdd' a 'chymoni', ond byth 'lan', 'glou' neu 'honco monco'.

Mae'r Hwntws yn mynnu mod i'n Gog, a'r Gogs wedi cau'r drws yn glep. 'Residency' yr Hwntws sydd ar dy basbort meddan nhw; dim ond hawl ymweld sydd gen i bellach. Mewn gwirionedd dwi'n fwngrel ond o leia dwi'n fwngrel o Gymro.

Gyrru Car

Fel un sydd newydd dreulio teirawr yn cyrraedd Lerpwl a chwe awr yn dod yn ôl, dwi'n gwybod y cyfan am dagfeydd traffig. Dwi wedi cwyno na ddylai lorris, tractors, carafanau nac unrhyw ddreifar dros drigain fod ar y ffordd, ddydd na nos, ac yn sicr nid pan dwi'n teithio.

Dwi wedi hefru ar ddynion mewn faniau gwyn, *earth mothers* mewn 'moggie thousands', pôsars mewn Porsches a gyrwyr artics o dramor, sydd â'u holwynion ar yr ochr anghywir o'r cab heb sôn am fod yn siŵr pa ochr o'r ffordd maen nhw i fod i yrru arni.

Dwi'n argyhoeddedig fod Heddlu'r Gogledd yn trio

fy nhroi i'n fethdalwr yn hytrach na 'mherswadio i arafu. Mae'r Cyngor wedi clustnodi un warden parcio yn arbennig i mi ac mae unrhyw un sy'n gwisgo cap fflat, sbectol a menig gyrru yn haeddu colli'i drwydded. Mewn geiriau eraill dwi'n yrrwr hollol normal. Normal ddudis i, nid da.

Amrywiol ydi'r ansoddair gorau i ddisgrifio gallu'r Hardys wrth y llyw. Mi gafodd Mam ddadl efo giât yn Ffordd Farrar unwaith – methu deall pam nad oedd y sbardun yn gweithio fel brec. Mi lwyddodd Nhad i ladd tarw ar ei ffordd adra o'r dafarn (fo oedd wedi cael peint, gyda llaw, nid y tarw), mi gladdodd hwnnw'i gyrn ym monet y car a bu rhaid i El Cordobe Hardy gerdded adra.

Wedi dweud hynny, mae Huw yn yrrwr Ambiwlans, a chewch chi ddim gwell na hynny; mae Robin wedi pasio'i brawf *advanced* ac mae Dafydd yn argyhoeddedig mai fo ydi'r gyrrwr gorau yn y byd. Rhydd i bawb ei farn ac i bob barn ei llafar, ond prin bod fy record i yn argyhoeddi unrhyw un i dderbyn lifft. Dwi'n cofio dychryn dafad ar gylchdro yng Nglyn Ebwy a chwalu'r border blodau dela erioed. Pan oedd hen gar Taid gen i mi gefais glec gan ryw feddwyn yn Nhrefforest. Dyna'r diwrnod y neidiodd Andy Haden allan o linell y Crysau Duon er mwyn ennill cic gosb ar ddiwedd y gêm. Dim ond colli'r gêm ddaru Cymru; mi gollis i fy *No Claims Bonus*.

Dwi wedi cael slap gan lorri ar yr A470 a bu bron i mi greu hafoc yng Nghaerdydd ddechrau'r wythnos drwy fynd i fyny *one way street* y ffordd anghywir, ond doeddwn i ddim ond yn mynd un ffordd. Tra ar wyliau yn Ffrainc flynyddoedd yn ôl mi gymrodd ddeuddydd i mi weithio allan pa ffordd i fynd rownd cylchdro, ac wedyn cael a chael oedd hi.

I fod yn deg, dwi ddim yn panicio. Mae 'na ddigon o bobol eraill yn gwneud hynny, felly os cadwa i fy nhymer mae gen i obaith o osgoi'r bai. Tydw i erioed wedi brifo neb arall a dwi wastad yn pigo ar geir sy'n fwy na fi. Yr unig dro y bu gen i ofn oedd pan lwyddais i lithro i mewn i gar ym maes parcio'r BBC – car neb llai na gwraig Golygydd Radio Cymru. Diolch i'r drefn nad ydi o ddim yn dal dig. Dwi ddim yn siŵr amdani hi.

Statws yr Iaith

Dwi ddim yn teimlo dim hŷn nag o'n i bum mlynedd yn ôl ond mae'n amlwg fy mod i'n heneiddio. Ydi, mae'r gwallt yn britho, dwi'n taflu mwy o gysgod nag erioed o'r blaen ac os dwi wedi cael fy nghrybwyll yn *Lol* mae'n amlwg fy mod i wedi ymuno â'r sefydliad, er nad ydw i'n cofio cael y dystysgrif yn y post.

Nid fi, gyda llaw, oedd yr hynaf yn yr adran Chwaraeon. Dwi flynyddoedd yn fengach na John Ifans a Huw Llywelyn Davies thenciw, ond mae 'na fwlch rhyngddo i a'r to nesaf, ac os nad ydi o'n fwlch sylweddol o ran blynyddoedd mae'n blaned arall o ran agwedd. Dydi'r rhain ddim yn cofio fod Huw Jones yn arfer canu; Dewi Pws wedi bod ar *Bobol y Cwm*; Dei Tomos wedi bod yn DJ; Jonsi wedi bod yn Adrian ac mai Hywel Gwynfryn oedd Blue Peter Cymru. Dydyn nhw ddim chwaith yn gwybod fod Gwynfor Evans wedi bygwth ymprydio hyd at farwolaeth dros yr iaith,

Adran Chwaraeon y BBC tua 1983
– pan ro'n i'n un o'r rhai ieuenga!

un o'r ychydig ddynion a fedrodd berswadio Maggie Thatcher a Willie Whitelaw i newid eu meddwl. *'This Lady's not for turning'* – ddim tan y daru hi gorddi Gwynfor.

Mân siarad oedden ni, lladd amser cyn y gloch ginio, ac wrth fod gan ambell un o'r criw enw am fod ronyn yn wyllt mi ddigwyddais i holi faint o bobol, heblaw fi, oedd wedi treulio noson mewn cell. Ni chododd yr un llaw, ac o fewn eiliad roedd y rheswm yn amlwg. Chafodd rhain mo'u magu mewn cyfnod o brotest, ac mae'r Eisteddfod wedi troi i fod yn rhywbeth arall i'r criw ifanc. Mae 'na lendid ar y maes pebyll, cyngherddau lu ac adloniant o bob math. Dim o'i le ar hynny ond does dim amheuaeth fod penboethiaid y dyddiau gynt un ai wedi pwyllo ac aeddfedu neu, wrth gwrs, wedi ymuno â'r sefydliad.

Mae'n boenus o amlwg fod rhai yn credu bod y frwydr ar ben a'i bod hi'n gyfnod llaesu dwylo. Aelodau o'r Cynulliad o'r farn fod torcyfraith yn hen-ffasiwn ac yn ddibwrpas, eraill yn argyhoeddedig fod deugain mlynedd o frwydro wedi rhoi statws i'r iaith ac afraid fasa gadael i'r cwbwl lithro. Ieuenctid heddiw sydd wedi hawlio'r teitl Cŵl Cymru, ond y cenhedloedd a fu a adeiladodd y sail, a doeddan nhw ddim wastad yn cadw at y rheolau.

Ddaru fy mhrotest fach i yn Eisteddfod Hwlffordd ddim oll i newid tynged yr iaith ond mae 'na arwyddion dwyieithog yno rŵan a ga i ychwanegu'n syth mai noson mewn cell oedd yr unig bris y bu'n rhaid i mi ei dalu. Poeni fod aberth eraill yn debyg o fynd yn angof ydw i. Rydan ni i gyd bellach yn cymryd yr iaith Gymraeg yn ganiataol. Fe all hynny fod yn arwydd o gryfder neu'n rybudd o ddirywiad.

Noson Rieni

Mi aethon ni yno fel ŵyn i'r lladdfa. Nid ni oedd yr unig rai; roedd teuluoedd cyfan yn stelcio hyd y cynteddau oer ac yn gwybod fod 'na gysylltiad agos rhwng hyd yr aros a phoen yr artaith. Hira'n byd gwaetha'n byd, a'r cysylltiad agos arall rhyngon ni i gyd oedd fod y gwir bechaduriaid ar goll. Roedd 'na frodyr a chwiorydd yno, wrth eu bodd efo'r holl broses, sawl un yn cilwenu y tu ôl i'w dwylo wrth i'w rhieni wingo o glywed gwirioneddau mawr – fe gân nhw

Daniel a Geraint (Mawr a Bỳch).

ddiodde yn y dyfodol. Yn anffodus diodde fyddwn ni'r rhieni eto. Rydan ni'n trio taro'r postyn er mwyn i'r parad glywed ond tydi'r parad ddim yno ac yn aml iawn mae 'na fwy o sens mewn parad na phechadur beth bynnag.

Nos Fawrth oedd Noson Rieni Llanhari. Mi gafodd Bỳch wahoddiad i sefyll o flaen ei well ond fe welais i fwy o frwdfrydedd gan dwrci adeg Dolig. 'Dim ffiars o beryg' oedd ei ateb parod gan ychwanegu ambell sylw am ambell athro a fyddai, medda fo, o fudd mawr. Dwi wedi gweld adroddiadau gwaeth, efo'n enw i ar y top rhan amla, ond hyd yn oed wedyn un digon petrusgar ydw i wrth wynebu athrawon. Fues i erioed yn gyfforddus yn eu cwmni a dwi'n cymryd beiau'r meibion at fy nghalon wrth i bob sylw brathog daro i'r byw. Mi ddylwn i fod wedi arfer; roedd athrawon Dyffryn Ogwen ymysg y goreuon am ddatgan eu teimladau mewn llinell. Roeddan nhw cystal fel bod fy nhad yn edrych ymlaen at adroddiad gwael.

Er enghraifft, 'Roeddwn dan yr argraff fod John yn medru gwneud llawer iawn gwell yn y pwnc; bellach dwi'n sylweddoli fod hynny'n ffolineb pur.' 'Mae ganddo ei ddoniau ond prin eu bod nhw'n amlwg yn y dosbarth.' 'Yn ôl pob sôn mae'n hogyn poblogaidd; pe bawn yn ei weld yn amlach gallwn leisio barn.' 'Hynod o gyson a hynod o wael.'

Dydi athrawon fel'na ddim yn bod bellach. Mae popeth i fod yn bositif, neu felly o'n i'n meddwl, ond fe glywais i rywun yn dweud fod angen bom o dan ben-ôl Bỳch, ac roedd 'na sawl un a ddywedodd gyfrola drwy ddweud dim. Y sioc fwya i bawb, dwi'n credu, ydi sylweddoli bod y rhan fwyaf o athrawon heddiw yn nes at oedran y plant nag at oedran y rhieni. Maen nhw'n medru bod yn griw difrifol iawn hefyd. Roedd 'na adegau pan o'n i'n teimlo fel rhoi hergwd i ambell un a dweud, 'Wel, roeddan ni i gyd yn gwneud hynny yn yr ysgol, toeddan?' ond mae gen i deimlad mai hau ar dir caregog iawn y baswn i. Mi fyddai ambell un yn gweld y jôc ond siawns mai medi llythyr cas y byswn i, a fasa Bỳch a'i Fam wedi cael haint.

Wedi meddwl, dwi'n ama a oedd yna erioed noson rieni yn Nyffryn Ogwen. Dydw i, yn sicr, ddim yn cofio Mam na Nhad yn mynd i'r un. Wedi dweud hynny, falla bod y llythyr yn dal yng ngwaelod y bag ysgol.

'Bydded Goleuni' oedd arwyddair yr ysgol. Mi fasa hi'n dywyll nos pe bai ambell un wedi cael dweud ei ddweud amdana i.

Noethlymunwyr

Oeddach chi'n gwybod fod gan noethlymunwyr wythnos arbennig iddyn nhw eu hunain? Dim byd llawer fedrwch chi ddweud nagoes, heblaw'r ffaith fy mod i wedi sylweddoli flynyddoedd yn ôl mai'r hen a'r hyll sy'n tueddu i ddiosg popeth yn hytrach na'r ifanc a'r eiddil. Mae'r ifanc yn fflachio bechingalws bob cyfle gân nhw, ond yr hen a'r hyll sy'n pennu wythnos arbennig ar gyfer arddangos y *crown jewels*.

Disgyrchiant, hwnna ydi o, chwedl Ifans y Tryc, neu dyna be oedd Iago Hic yn arfer ei ddysgu i ni yn y wers Ffiseg yn Ysgol Dyffryn Ogwen erstalwm. Am ryw ryfedd reswm roedd o'n canolbwyntio ar afal Newton yn hytrach na'ch *jingle jangles* yn plymio tua'r ddaear. Pe bai o wedi dechrau sôn am y porcyn peis yn ei wers falla y basa fo wedi cael mwy o sylw, ac yn sicr mi fasa'r papur Lefel A sefais i ronyn yn fwy diddorol, er dwi'n ama a fyddai'r radd wedi bod lawer gwell.

Well i mi gyfadde yn fan hyn mod i wedi troi yn erbyn y noethlymunwyr flynyddoedd yn ôl, ar wyliau yn Ffrainc. Dyn a ŵyr sut oeddwn i'n rhannu maes pebyll efo nhw, a hanner traeth hefyd. Fedra i fyw efo hynny a galwch fi'n ffysi os liciwch chi ond doeddwn i ddim yn rhy hapus i rannu archfarchnad. Mae gweld tin noeth dyn yn ei saithdegau yn ei ddyblau dros yr oergell yn ymestyn am baced o bys yn ddigon i gorddi unrhyw stumog. A phan maen nhw'n gwisgo dillad, maen nhw'n gwisgo'r pethau mwya od: cap a phâr o fflip fflops – a dim byd arall. Fe gafodd un ddamwain ar gefn motor beic yn yr Almaen a'r cyfan roedd o'n wisgo oedd sgarff! Mi gafodd ddirwy am beidio gwisgo helmet . . .

Chwerwder a chenfigen ydi hyn i gyd, wrth gwrs. Yn bersonol dydw i ddim yn sgrwbio i fyny yn rhy daclus, dydw i fawr o 'gatch' yn fy fest a 'nhrôns ac mae'n amser diffodd y golau ymhell cyn cyrraedd y cnawd. Roedd 'na adeg pan oedd popeth yn ei iawn le, ac mewn byd o bobol efo traed hyll rhaid dweud mai rhai digon del sydd gen i. Wedi dweud hynny, mae rhinweddau corff Hardy yn brin: cyfansoddiad reit dda a stamina Mam, ac yn wahanol iawn i ambell un o'm cyd-weithwyr – na chaiff ei enwi rhag ei ypsetio – mi fedra i basio drych heb stopio eilwaith i weld a ydi'r *gel* yn y lle iawn.

Efo siwt ddrud mi fedra i dwtio digon i fynd i'r capel. Y cyfan ddeuda i am y *birthday suit* ydi ei bod hi angen ei smwddio.

Lloyd

Roedd Lloyd yn bump ddoe. Lloyd ydi mab fenga y brawd fenga, ac mae 'na ddeunaw mlynedd rhyngddo fo a Ben, sef mab hyna'r brawd hyna, felly mi fedrwch gasglu'n reit sydyn fod had yr Hardys wedi eu hau dros ddau ddegawd.

Oherwydd hynny mae 'na dueddiad i sbwylio'r cefndryd llai ac un o'r sgil-effeithiau yw fod y rhai hŷn yn gaeth i fympwy'r coblynnod bach. Mae Lloyd, er enghraifft, yn medru goleuo ystafell efo'i wên. Mae o'n llawn chwerthin a hwyl ond pan mae'r cymylau du'n casglu a Huwcyn cwsg yn taflu ei lwch, mi fydda i'n meddwl weithiau mai'r Diafol ydi'i enw canol o.

Mae 'na ochr dywyll i Lloyd, yr ochr dywyll sy'n rhan annatod o'r Hardys. Dydan ni ddim yn licio colli, i'r fath radda fel ei bod hi bron yn amhosib i ni golli efo urddas. Mae gweld Lloyd yn colli wrth chwarae Game Boy yn union fel fy hel i'n ôl i 'mhlentyndod mewn Tardis. Mae o'n dyrnu ac yn cicio, a hyd yn oed yn dobio'r llawr efo'i ben, a does dim diben cydymdeimlo; rhaid disgwyl iddo ddod at ei goed yn ei amser ei hun.

Yn ôl Mam ro'n i'n cael strancs yn Woolworth yn aml iawn. Mi daflais y cyllyll a'r ffyrc at y wetar yn John Lewis' yn Lerpwl unwaith, oherwydd nad oedd 'na sgod a sglods ar y fwydlen. Ond mi ddiflannodd yr elfen danllyd fileinig pan o'n i tua phymtheg, ac felly efo'r brodyr eraill hefyd. Y fatsien wedi tanio unwaith yn ormod mae'n siŵr ac mae'n cymryd cryn dipyn i 'nghythruddo i bellach; mae o jyst yn ormod o drafferth.

Mae Lloyd yn gwrthod rhoi sws i mi ac er ei fod o'n meddwl y byd o'i fam a'i chwaer, dydi o ddim yn licio merched – dydi o ddim yn derbyn bod ei fam a'i chwaer yn ferched! Yr unig un sydd wedi denu'i sylw erioed ydi Branwen. Mae Branwen yn stynar, efo mop o wallt cyrls du ac mae ganddi ddau frawd hŷn, ac felly'n teimlo lawn mor hapus yn trwsio sied ag ydi hi'n tendio ar ei dolis, felly mae hi'n berffaith i Lloyd a ddim yn cyfri fel merch go iawn. 'Dydi o'n od sut mae oed yn newid syniadau dyn!

Gobeithio wir nad Lloyd ydi'r 'Last of the Hardys'

ond fasa Chingachook ddim yn medru rhoi gwell gofal na mae o'n gael. Mae ei leferydd ronyn yn ddiog felly mi ddechreuodd ei dad ddarllen poster y wyddor efo fo. Does 'na ddim byd mawr o'i le, dim ond bod yr 's' yn aneglur ac weithiau'n troi'n 'th', a doedd neb isio tynnu gormod o sylw ato fo. I ffwrdd â nhw trwy'r wyddor, dim problem. Heibio'r 's' yn berffaith hefyd a chyrraedd 'th' am 'thermomedr' a llun o blentyn yn ei wely.

'Be 'di hwn, Lloyd?' meddai Dad. 'Th, Dad, mae hwnna'n hawdd,' ond eiliadau cyn i'r dathlu ddechrau mi ychwanegodd, 'Th am hogyn bach Thâl!'

Pictiwrs

Mae gen i barch mawr at Gary Slaymaker ond fy mhen-ôl i sy'n penderfynu a yw ffilm yn plesio ai peidio. Os ydi bochau 'nhin i'n dechrau crampio mae'n amser rowlio'r credits a dydi o ddim gwahaniaeth pa mor foethus ydi'r sinema, does 'na ddim byd yn twyllo tin Hardy.

Yr un peth yn y Capel; roedd fy nhaid, un o hoelion wyth yr Hen Gorff, yn credu ei bod hi'n bosib trosglwyddo unrhyw neges o fewn hanner awr, ac roedd cau'r Beibl ddeng munud cyn ledio'r emyn olaf yn un o arferion pwysica'r pulpud. Dda gen i ddim y pregethwyr hynny sy'n agor a chau'r Beibl drwy'r amser. Onid ydi dyn ar biga'r drain, a ddim yn gwybod a fydd ei ginio dydd Sul yn ffit i'w fwyta ai peidio? Does dim angen cloc i ddweud wrthach chi fod y bregeth wedi bod yn faith; mae rhuthr y merched am y drws yn ddigon.

Gweithgareddau'r Sul ydi'r Capel wrth gwrs, a dydd Sadwrn ydi diwrnod y pictiwrs. Fel plant mân roedd fy mrawd a finnau'n mynd o dŷ Nain a Taid yng Nghonwy ar gyfer *matinee* y bore; dyna i chi fywyd syml. Roedd cowbois mewn hetiau gwyn yn ymladd cowbois mewn hetiau du, neu roedd cowbois efo hetiau gwyn yn ymladd Indians oedd efo mwy o blu nag Ifan Twrci Tena. Roedd hyd yn oed bechgyn bychain yn dallt y dalltings bryd hynny; dim ond yn ddiweddarach yr aeth pethau'n gymhleth.

Yn ein harddegau cynnar roeddan ni'n treulio'r prynhawniau Sadwrn yn y tywyllwch, efo llond bag o daffi triog ac yn talu mwy o sylw i'r llwch yn y llafn o olau na'r ffilm. Dyddiau cynnar pan oedd gwydd-oniaeth yn brwydro efo celfyddyd. Be fysa'n ennill? Y gwyddoniaeth o lwch mewn llafn o olau a sut roedd llun yn cael ei daflu ar y sgrin yn y lle cyntaf, neu gelfyddydd y ffim ei hunan a champwaith yr actorion?

Pan o'n i'n bymtheg oed mi newidiodd popeth. Y pictiwrs oedd conglfaen ein cymdeithas ac roedd dewis o ddau ym Mangor: City Cinema efo'r hogiau, y Plaza efo'r cariad. Yn y City roedd y ffilmiau amheus; hefyd roedd 'na glwtyn neu 'patch' ar y sgrin, ac os holwch chi hogyn o Fangor am y City mi sonith am y clwtyn hwnnw ar y sgrin, oedd wastad yn y man mwya anghyfleus.

Mi welais i'r ffilmiau rhyfedda yno, *Barbarella*, *Emmanuelle*, *Confessions* di-ri, o'r *Window Cleaner* i'r *Holiday Rep.* a ffilm o'r enw *Helga*. Yr unig reswm, hyd y cofia i, i ni fynd i'w gweld hi oedd bod yna fabi'n cael ei eni yn y stori. Dwi ddim yn cofio'r stori ond mae'n

123

amlwg fod hogiau Bangor yn paratoi eu hunain at fywyd yn eitha trylwyr!

Paratoad gwahanol oedd gan y Plaza. Doedd celwydd am eich oedran ddim yn cael ei dderbyn mor barod ac roedd peryg i chi weld ffrindiau i'ch rhieni yn y gynulleidfa. Roedd yna seti dwbwl yno hefyd ac ro'n i'n gwybod lle roedd pob un ohonyn nhw ac yn medru eu canfod yn y tywyllwch, heb help yr *usherette*! Doedd 'na'r un yn y rhes gefn – dyna oedd camgymeriad dieithriaid oedd yn rhuthro yn y tywyllwch – un rhes o'r cefn oeddan nhw. Mi dreuliais i gymaint o amser efo cefn fy mhen at y sgrin fel bod angen gweld ffilm ddwy waith i gael y stori'n gyflawn.

Prin fydda i'n mynd i'r pictiwrs y dyddiau yma; maen nhw'n llai ac yn fwy swanc ond y siom fwyaf yw mai prin yw'r seti dwbwl. Ond hyd yn oes os yw dyn yn ei oed a'i amser yn gorfod bihafio yn y pictiwrs y dyddiau yma, mae'r llecyn tywyll, tawel yn ddelfrydol i hel atgofion am yr ymrafael a fu.

Pebyll

Dwi wedi cael ambell brofiad mewn pabell! Nid o reidrwydd yn bleserus ond yn sicr yn brofiadau. Fel pawb o'm cenhedlaeth i, mi ddaeth y profiad cyntaf un ai yn yr ardd gefn neu yng ngwersyll Llangrannog. Ro'n i yn Llangrannog yn nyddiau John Japheth, pan oedd yn rhaid i'r bechgyn gysgu mewn pebyll, canu 'Ar hyd y nos' yn y Jyngl Jim, chwarae pêl-droed ar ochr mynydd a neidio yn nhonnau'r bae. Perswadio un o'r genod i grwydro i'r cae gwair oedd yr unig adloniant arall ac, os caf i ddweud, y gorau ohonyn nhw i gyd. Doedd 'na ddim sôn am lethr sgïo na *quads* na chabanau i'r bechgyn y dyddiau hynny. Dwi'n cofio un wythnos i mi dreulio pob noson yn meddwl sut roeddwn ni am egluro i Mam fod y bỳs wedi bagio dros y cês yn Aberystwyth a'i falu'n racs.

Yn Llangrannog y dysgais i fod angen dwyn y bync top. Mi fues i'n ddigon twp yn y flwyddyn gyntaf i gysgu yn y gwaelod a deffro rhyw fore i deimlo gwlybaniaeth amheus yn deillio o'r gwely uwchben. Roedd y truan yn mynnu mai potel o ddŵr ddaru agor yng nghanol y nos, ac er ei bod hi'n siwrne lletchwith yn y gwyll i'r lle chwech efo'r gwynt o'r bae yn chwipio rownd eich *crown jewels*, mi benderfynnis ei gredu, gan dyngu llw na faswn i byth yn cysgu yn y gwaelod eto.

Ym 1969 y cefais fynd i wersylla ar fy mhen fy hun

gyntaf. Cyfnod o brotest a Tiwd, Bryn a finnau yn rhan ohono. Mae'r ddau arall yn ddynion parchus bellach – nid nad oedden nhw'n barchus yn blant, cofiwch. Mi benderfynodd y tri ohonon ni wfftio'r arwisgiad yng Nghaernarfon a mynd i gampio mewn protest ynghanol cae ym Miwmares. Yn ein byd bach ni ddaru'r Tywysog Siarl erioed gael ei urddo yn Dywysog Cymru; roedd y werin yn rhy brysur yn trio berwi bîns ar bopty bach nwy. Wedi meddwl, ddaru ni erioed weld Hilary a Tensing yn concro Everest chwaith, na Roger Bannister yn rhedeg y filltir mewn llai na phedwar munud, ond rhywsut roedd hi'n haws derbyn rheini na Chofis Caernarfon yn canmol Charlie. Rhyfedd o fyd.

Eisteddfod Bangor oedd trip nesa'r babell, a doedd 'na ddim lle i dri bellach. Mi fasa wedi bod yn neis cael dim ond dau yn y dent . . . ond dim lwc, ges i 'ngwrthod gan bob pengoch, penfelen, penddu a hyd yn oed un pync pen moel yn 'Steddfod '69, ac yn aml iawn roedd y wawr yn codi a'r polyn wedi torri a'r cynfas yn gwilt i ryw feddwyn oedd wedi baglu dros y rhaffau wrth grwydro'n simsan ar ei ffordd adra. Roeddwn i fod i dreulio'r dydd ym Mhafiliwn y Steddfod ond mi roddodd diwrnod o wrando ar fandiau pres ddiwedd ar y stiwardio, hynny a sylweddoli nad oedd y steddfod yn cadw'r un oriau â'r dafarn.

Achlysurol oedd dyddiau'r babell wedyn. Roedd y rhai mawr yn llawer rhy gymhleth i'w codi ac mi drois at garafán a chanfod erchyllterau'r adlen . . . ond stori arall ydi honno.

Ofergoelion

Dwi ddim yn credu mod i'n ofergoelus a dwi wedi ama erioed mai synnwyr cyffredin ydi'r rhan fwyaf ohonyn nhw. Pa ddyn neu ddynes gall fasa'n cerdded dan ysgol er enghraifft? Neb siŵr, ond mae hyd yn oed y call yn poeni am farw ac ella mai dyna pam mae 'na gymaint o ofergoelion yn gysylltiedig â threngi. Wel, does neb isio marw, nagoes?

Dyma i chi ambell un i boeni yn ei gylch dros y Nadolig. Os oes 'na dri pherson mewn llun, yr un yn y canol fydd yn marw gyntaf; os oes 'na dri ar ddeg o bobol o amgylch y bwrdd bwyd mi fydd un yn marw cyn diwedd y flwyddyn, ac mi ddylech chi ddal eich gwynt wrth basio mynwent rhag ofn i chi anadlu eneidiau'r marw. Cofiwch chi, os ydi hi'n fynwent fawr hir, mi fydd angen rhywun i naddu carreg fedd i chi'n reit sydyn.

Breuddwydion ydi'r maes arall ar gyfer ofergoelion, cyffyrddwch y marw i'ch rhwystro chi rhag breudd-wydio amdanyn nhw. Ai dyna pam roedd Mam am i mi gusanu Taid? Ufuddhau wnes i ond doeddwn i ddim, a tydw i ddim, yn gefnogol i'r hen arferiad o gusanu cyrff. Mi fasa'n well gen i bod y cof olaf yn un cynnes. Mae cariad a breuddwydion yn amlwg iawn mewn ofergoelion hefyd: os ydi merch yn breuddwydio am fabi mi gaiff ei thwyllo ac os ydi hi'n breuddwydio am wneud gwely mae 'na gariad newydd ar y gorwel.

Os ydi cariad ar dir ffrwythlon mae priodi yn beth gwirion bost i'w wneud, neu felly mae hi'n ymddangos pan ydach chi'n ystyried yr holl goelion sydd ynglŷn â phriodi. Yn ôl un ofergoel, mae'n anlwcus priodi ar ddydd Sadwrn. Dwylo i fyny pawb sydd wedi bod yn

Mam a Dad cyn iddyn nhw orfod poeni am bedwar o hogiau.

anlwcus ta! Dydd Mercher, gyda llaw, ydi'r diwrnod
gorau. O ran y misoedd, peidiwch â phriodi ym mis
Mai – synnwyr cyffredin – rydach chi'n cystadlu efo'r
Cup Final. Mae Rhagfyr yn addo blynyddoedd
dedwydd. Yn rhyfedd iawn, ym mis Rhagfyr y daru
Mam a Dad briodi. Mae'r dyddiau'n fyr a'r
nosweithiau'n hir – dydi Dad ddim yn ffŵl!

O ran anrhegion priodas mi ddylai'r briodferch
ddefnyddio'r anrheg gyntaf mae hi'n ei hagor ac mi
fydd y person sy'n rhoi'r drydedd anrheg iddyn nhw
yn cael babi, er dydi o ddim yn dweud pryd.

Un gair o gyngor ar gyfer noson y briodas: pwy bynnag sydd yn cysgu gyntaf fydd farw gyntaf. Ydi hynny'n ddigon o reswm i'ch cadw chi'n effro?

Nonsens ydi o i gyd, yndê. Dyna pam nad oes gen i'r un ofergoel, heblaw mod i wastad yn gwisgo'r hosan chwith gyntaf. Dwi ddim yn siŵr pam – jyst rhag ofn, mae'n siŵr.

Til Tescos

Y pethau bach sydd yn cnoi a gwylltio person yndê? Rhywun sy'n mynnu gadael sêt y lle chwech i fyny; gadael golau ymlaen; lluchio dillad ar lawr neu'n gadael llestri budron yn y sinc yn hytrach na'r peiriant golchi. Mae'r rhestr yn ddiddiwedd a dwi newydd ychwanegu un arall.

Yn gyffredinol, un digon goddefgar ydw i. Mae'r Mawr a'r Bŷch yn mynnu fel arall a bod gen i dymer fel tincar ac amynedd plentyn, ond dwi'n dal i gredu mai ara iawn ydw i i danio ond mae'r storm sy'n dilyn yn werth ei hosgoi.

Siopa o'n i, tasg sydd yn gas gen i ac un y bydda i'n ceisio'i hosgoi. Mae unrhyw fath o siopa'n anathema ond does neb yn medru osgoi siopa am fwyd felly dwi'n tueddu i gau'r drws yn feddyliol a chrwydro o gwmpas yr archfarchnad fel *zombie* ar *speed*, gan anwybyddu pawb a phopeth. Maddeuwch i mi os dwi wedi'ch pasio chi heb yngan gair; dwi wedi pechu mwy o bobol yn Tescos nag yn unman arall ar wyneb daear ond does wnelo fo ddim â bod yn ffroenuchel; mae'r synhwyrau wedi'u cau i lawr yn gyfan gwbwl a fyddan nhw ddim yn ailgydio nes y bydda i wedi rhoi popeth yn y cwpwrdd.

Dydi'r ferch ar y til ddim hyd yn oed yn gofyn a ydw i isio help bellach; mae un olwg yn ddigon ac mae hi'n galw am bâr arall o ddwylo i helpu'r truan i adael y siop cyn gynted ag y bo modd. Pe bawn i'n fwy *compos mentis* falla y baswn i'n cofio hanner y neges ond yn aml iawn mi fydda i wedi cyrraedd adra cyn sylwi nad oes yna fara, cig moch na llefrith – y rheswm yr es i i siopa yn y lle cyntaf.

Biti na fasa hynny wedi digwydd yr wythnos hon; mi fasa wedi arbed tipyn o embaras ac yn sicr faswn i ddim wedi creu'r ffasiwn stŵr. Roedd hi'n fore cynnar wedi'r noson cynt a doeddwn i ddim ar fy ngorau. Cyflwr da i fynd i siopa – hanner pan, hanner effro a finnau'n prynu pob dim oedd gen i adra a dim roeddwn ei angen. Wrth lwytho'r car y sylwais i nad oedd gen i fenyn na llefrith, felly yn ôl â fi'n syth at y silff ac yna sefyll yn y ciw i bobol â neges dan ddeg eitem. Welsoch chi erioed y fath giw a doedd hanner y ffernols ddim yn medru cyfri, ac ambell un angen troli yn lle basged. Mae 'na rai yn credu mod i'n rebel. Tydw i ddim – dwi'n cadw'n gaeth at reolau. Dwi'n credu'n gryf bod cymdeithas wâr yn dibynnu ar reolau ac mae hynny'n golygu llai na deg eitem yn eich basged pan 'dach chi'n y ciw 'llai na deg eitem'!

Wedi pum munud roedd y stêm yn codi, ar ôl deg roedd ambell sylw crafog yn cyrraedd y blaen, ''Di'r fasged 'na'n drwm?' 'Be sy'n dod ar ôl deg, 'dwch?' a 'Duwcs, dwi wyth eitem yn brin, neu wyth deg i sefyll yn y ciw yma!' Doedd gan yr un ohonyn nhw'r un iot o gywilydd, ddim hyd yn oed pan wnes i ofyn oedd gan y ferch gyfrifiannell. Do, mi wnes i ffŵl o'n hun, ond roedd gwaeth i ddod – martsio i'r ffrynt a dweud wrthyn nhw am gadw eu menyn a'u llefrith – a'u siop hefyd, ac allan â fi yn teimlo'n dda gythreulig. Biti bod goriadau'r car yn dal wrth y til! Mi gymrodd hanner awr cyn mentro'n ôl, a dwi'n dal heb fenyn i'r tost a llefrith i'r uwd.

Tafodiaith

Un o'r problemau mwyaf dwi'n gael fel Gog, er fy mod i yn y de ers bron i ddeng mlynedd ar hugain, ydi dod i'r afael â'r dafodiaith. Dydw i ddim am drafod y system addysg, dim ond dweud ei bod hi'n ddirgelwch pur pam fod acenion yr ysgolion Uwchradd Cymraeg yn y de i gyd yr un fath. Dwi'n meddwl eu bod nhw'n gwneud gwaith ardderchog, gyda llaw; rydach chi i gyd yn haeddu'ch gwyliau hael ac mae'r Mawr a'r Bŷch wedi mynd trwy'r system. Y gŵyn fwyaf sydd gen i, a dydi hi ddim yn un fawr, yw pam bod 'oes' yn air mor boblogaidd. 'Ti'n mynd i'r ysgol heddiw?' 'Oes.' 'Ydi dy fam yn y tŷ?' 'Oes.' Fel y mae OK wedi mynd yn air rhyngwladol, dwi'n ama fod 'Oes' yn debyg o ddilyn, a does gen i ddim y syniad lleia pam.

Nid 'Oes' roddodd y sioc wreiddiol i mi, o na, mi aeth y pleser yna i 'danjerus', ond o leia mae'n well na'r 'o' bondigrybwyll sydd yn troi Saesneg yn Gymraeg. Ro'n i'n arfer gwneud yr un peth mewn gwersi Ffrangeg: 'Le Dooreau', 'La Womano', 'Le Booko'. Dydi o ddim llawer gwahanol i 'licio watchio wreslo' nac 'di? Ychydig iawn o farciau gefais i mewn arholiadau Ffrangeg, gyda llaw.

Na, o'n i wrth fy modd efo 'danjerus'. Mae 'honco monco' yn un arall, a gofyn am 'hanch o'r afal'. Doeddwn i ddim yn gwybod be oedd 'hanch' –'d'o mi sgrag o dy afal di, chief,' oedd hi ym Methesda. 'Hanch' oedd y Ponderosa i rywun oedd â nam ar ei leferydd.

Dim ond pan wnes i gyrraedd Llangrannog y deallais i fod 'na bobol yng Nghymru oedd yn siarad iaith wahanol i mi. Mi ddrysais i hogyn o Grymych yn ystod gêm griced drwy ei alw fo'n 'glou' drwy'r amser. Wel, mi glywais i rywun yn ei alw fo'n hynny tra oedd o'n rhedeg ar ôl y bêl, 'Dere glou,' a 'glou' fuo fo hyd ddiwedd yr wythnos ac es i adra'n ddim callach.

Flynyddoedd wedyn fe symudais i'r de ac ymuno â chlwb pêl-droed y Cymrig, casgliad o wehilion cymdeithas, adar brith yn hanu o bob man. 'Pwrs' oedd hoff air ein capten. Be mae hwnnw fod i feddwl? Roedd 'na gasgliad go dda o gyn-ddisgyblion Rhydfelen yno hefyd ac mi fu Els Bach, a aeth fel finna i Ysgol Dyffryn Ogwen, am dri mis yn trio gweithio allan be oedd y 'castell' 'ma roedd pawb yn hefru yn ei gylch. Dim ond wedyn y daru ni sylwi mai 'mas i'r asgell' oedd yr alwad a'r capten yn gweiddi 'pwrs' am i ni beidio ufuddhau. Doedd hi'n ddim help bod ganddon ni ambell 'wa' o'r canolbarth ac un dysgwr oedd wedi penderfynu nad mewn gwely dynes ddel oedd y lle gorau i ddysgu Cymraeg, ond yn chwarae pêl-droed gyda'r Cymrig ar brynhawn Sadwrn, oedd yn iawn ar yr amod bod y sgwrs yn cynnwys y geiriau 'lan Cymrig', 'lan, lan', 'glou', 'asgell' a 'pwrs'.

Mae rhai ardaloedd yn cael trafferth efo'r gwahaniaeth rhwng ennill a churo; pa mor aml ydach chi'n clywed 'mi wnes i ennill fo' a 'ddaru chi guro'?

Wnewch chi sylweddoli hefyd nad ydw i wedi cynnwys trigolion Bangor yn y llith? 'It's a real bechod, ai?' Dinas dysg y Bangor Lads.

Ffefryn personol ydi Howgets Bethesda. Pam Howgets? Wel, yn ôl chwedl gwlad – ac mae rhywun yn siŵr o fy nghywiro i – roedd hogyn o Garneddi ar goll yn ardal y cloc ym Mangor ac wrth ofyn am help mi drodd at ddyn lleol, *'Excuse me, how get you by here?'* Tra bydd ganddon ni betha felly, ynghyd â *blue best* a *bend your blankets* mi fydd yr iaith fyw, diolch i'r drefn.

Sioe Llanelwedd

'Dwyt ti ddim i drafod crefydd na'r iaith Gymraeg!' Dyna wastad oedd geiriau ola Nhad i Mam cyn iddyn nhw fynd allan am y noson. Dydi o'n od sut mae rhai pynciau yn codi gwrychyn? Merched a Ffermio ydi dau arall sy'n medru arwain at ddyfroedd dyfnion, ac er bod y dŵr eisoes o gwmpas fy mhengliniau, rydw i, fel Mam, am anwybyddu'r rhybudd a mentro i'r frwydr.

Pam fod y ffermwyr angen sioe iddyn nhw eu hunain? Dwi'n gwybod fod Dei Tomos a Dai Jones a Gerallt Pennant a Sulwyn Tomos i gyd yn ffans, ond onid ydi o'n ddim byd ond cyfle iddyn nhw wisgo'u welis gwyrdd a'r 'barbour' newydd? Cyfle i drafod basic slag a chyffwrdd y Fergy newydd, Massey Fergey hynny yw, nid y beth bengoch honno fu'n ddigon gwirion i briodi'r Twysog Andrew, na'r Albanwr surbwch, cwynfanus 'na sydd bellach yn Syr ac yn rheoli rhyw dîm o *prima donnas* yn Old Trafford.

133

Be ydi'r sioe ond Steddfod heb yr Orsedd ac mae ganddon ni un o'r rheini'n barod! Fasa ddim yn well pe baen nhw adra'n tendio'r fferm yn hytrach na pharedio'r Merc newydd a'r garafán swanc?

'G&T yn yr Hafod neu'r Hendre heno, Myfanwy?' ac wfft i'r gweddill ohonon ni sy'n mentro ar yr A470 mewn ymdrech i gyrraedd y gogledd o Gaerdydd mewn llai na saith awr, wedi treulio teirawr ar stop mewn traffic yng nghyffiniau Llanelwedd.

A be am y Ffermwyr Ifanc? Gobaith y Genedl! Wel y sioe ydi'r cyfle i gael gafael ar ŵr neu wraig, cyfle i wisgo'r cortyn beindar gorau a gweithio allan pa fferm fasa'n addas i'w phrynu, ymestyn ychydig ar y stoc, yn llythrennol ac yn ffigurol, a gorau oll os ydi hwnnw'n stoc da.

Os ydach chi'n meddwl mod i'n gas, dydw i ddim wedi dechrau ar lyfis cyfryngau'r sioe. Wythnos i ddychwelyd at y pridd, profi crefftau'r henwlad cyn ddychwelyd i suburbia efo ffon fugail a chôt a het 'Dryzabone'.

Prin fod rhain wedi rhofio tail, godro neu ladd a llnau cyn rhoi'r bwyd ar y bwrdd, a chyn i chi ofyn y cwestiwn, do, rydw i wedi, ond dwi'n dal ddim yn siŵr sut mae'r sioe yn ein perswadio nad ydi popeth yn dod o fag plastic Tescos.

Wedi'r cwotas a'r arallgyfeirio, mi fedra i ddweud wrthach chi yn *exclusive* heddiw fod 'na ergyd arall ar fin glanio ar y ffermwr druan.

Yn ôl y si ddiweddara mae meddygon am wrthod Viagra i amaethwyr. Y rheswm? Wel yn ôl archwiliad dydyn nhw ddim angen y stwff, mae hi wastad yn galed arnyn nhw.

'Come Dancing' a 'Ready Steady Cook'

Yn ddiweddarach yn ei hoes, wedi marw Anti Annie, mi ddaeth Anti Daisy i fyw aton ni a welais i neb gystal am gael ei ffordd ei hun. Welais i erioed mohoni'n darllen papur newydd na'r *Radio Times* ond roedd hi'n gwybod i'r eiliad pryd yr oedd *Come Dancing* ar y teledu.

Ro'n i yn fy arddegau ar y pryd, ymhell cyn bod unrhyw dŷ â dau deledu, heb sôn am loeren a chêbl, a phethau prin oedd teledu lliw. Doedd y derbyniad ddim yn rhy dda acw, fasa'n egluro pam bod Dafydd a minna'n galw yn nhŷ Anti Sylvia bob dydd Iau i wylio *Top of the Pops*. Jimmy Saville yn garglo mewn du a gwyn a'r rhaglen yn dechrau gyda rhyw foi yn dobio *kettle drums*.

Pan ddaeth teledu lliw roedd Anti Sylvia wedi symud i Lerpwl a dwi'n cofio teithio yno i wylio Arsenal yn curo Lerpwl yn yr FA Cup Final, ac fel pob Evertonian gwerth ei halen roedd gôl Charlie George yn fêl ar fysedd dyn, waeth pwy oedd bia'r teledu.

Yn anffodus doedd Anti Daisy ddim yn hoff iawn o chwaraeon, ond mi roedd hi'n hoff o'r teledu. Dwi'n gwybod mai ein tŷ ni oedd o, ac mai Dad dalodd am y teledu (dwi'n meddwl) ac mai dim ond dros gyfnod o salwch roedd Anti Daisy i fod i aros, ond roedd ei chadair hi reit o flaen y sgrin am oes.

'Ti'n licio *Come Dancing*, dwyt John?' Gosodiad, nid cwestiwn. Felly, nid yn unig roedd raid i mi ildio'r teledu ond hefyd eistedd efo hi'n gwylio'r Tango a'r Latin American. Fasa'n well gen i dynnu dannedd na threulio noson yng nghwmni'r tango, y foxtrot neu'r slow waltz. O'n i'n casáu'r sîcwins a'r wên blastig, ond er parch mi wyliais i'r cyfan, gan dyngu'n ddistaw bach y baswn i'n dial ar ryw nai neu nith yn y dyfodol pell.

Fi, mae'n ymddangos, oedd rhagflaenydd y *remote control*.

'Tro fo drosodd, John. Ydi hwn yn isel 'dwch? Be sy'n bod ar y *contrast*?' Roedd Anti Daisy'n deall ei theledu! Roedd hi hefyd yn deall yr artaith o'n i'n ddiodde ac yn distaw fwynhau pob eiliad.

'Ista'n llonydd a gwylio hwn, mae o'n dda 'sti. Pwy ti'n meddwl sy'n mynd i ennill? Yr Home Counties neu East Midlands?' Doeddwn i ddim yn gwybod lle roedd y naill le na'r llall, ac yn poeni llai. Yr unig beth wyddwn i oedd bod 'na bobol od ar y naw yn byw yno os mai dyma oedd eu hunig adloniant. Welais i erioed ffasiwn olwg ar neb ym Mangor.

Mae'r cof yn dal i gwyno ond y dyddiau yma dwi ddim gwahanol i Anti Daisy. *Ready, Steady Cook* ydi un o'r ffefrynnau acw ond wnaiff neb ista i lawr i'w wylio fo efo fi. Mae Bŷch a Mawr yn gwrthod bod yn *remote control* nac yn gwmni, gan ddengid i stafell arall i wylio'r *Simpsons,* neu ryw sothach tebyg. Mi wnes i drio cynnau fflam o ddiddordeb yn Bŷch gan ofyn be fasa fo'n ddewis yn ei fag pum punt er mwyn i'r Chef gael ei droi yn gampwaith.

'Hawdd,' medda fo, 'Chicken drummers, waffles a baked beans, ac yna'u gwylio nhw'n chwysu!' O leia mi fasa'r rhaglen yn gorffen yn gynt.

Ffarwelio

Un gwael ydw i am ffarwelio. Dydi o byth yn hawdd; anaml yn fyr a wastad yn boenus. Mae 'na lith o bethau dwi isio'u dweud, ond rhywsut mae'r tafod yn cloi ar y foment dyngedfennol ac mae'r cyfle'n diflannu. Dwi'n aml yn meddwl y dylech chi roi ffarwél mewn llythyr; nodyn i'w ddarllen yn yr ennyd wag wedi gwahanu, geiriau parhaol i egluro cymaint yr oedd y cymar, y cariad neu'r cyfaill yn ei olygu i chi, datganiad o boen y ffarwél a rhywbeth i'w gadw i gofio cwlwm.

Maen nhw wastad yn dweud mai benthyg plant rydach chi ac mai dyletswydd rhiant ydi paratoi'r epil ar gyfer y Byd Mawr sydd ohoni a bod yn gefn pan fydd angen. Cam nifer ohonon ni ydi ceisio cadw'r cadwynau'n dynn a methu sylweddoli pan mae hi'n amser i'r cyw hedfan y nyth. Fel arfer mae ganddoch chi dros bymtheng mlynedd i baratoi'r ffarwél ond dwi eto i gyfarfod rhywun sydd wedi llwyddo i dorri cysylltiad efo unrhyw wir urddas. Mae rhai yn ei guddio'n well nag eraill ond mae'r ing o wylio plentyn yn gadael aelwyd yn real ac yn ddirdynnol, a dim ond yn y dyddiau wedi'r ymadael y sylweddolais i pa mor bitw oedd y geiriau o gyngor. Buan iawn y sylweddolais hefyd mai fi oedd yr un ar fy ngholled. Dydi'r ifanc ddim yn ymwybodol o'r daith a gobaith pob rhiant yw y gwnân nhw, rhyw ddiwrnod, sylweddoli bod eu magwraeth wedi bod o ryw fudd ar y siwrne, oherwydd dwi'n gwybod yn iawn na chafodd y Mawr na'r Bỳch unrhyw wironeddau mawr o enau eu tad. ''Dach chi'n gwybod lle ydw i!' oedd y cynnig gorau rhwng y dagrau, ac un diwrnod mi droith, 'Dad, mae gen i newyddion drwg,' i fod yn, 'Dad, dwi ddim ond yn ffonio i weld sut wyt ti,' a hyd hynny mi gymra i gysur yn nistawrwydd y ffôn.

Mae gwahanu yn well gair falla. 'Ciao' chwedl yr Eidalwyr. 'Wela i chi.' Mae 'na obaith yn hynny. Angau yw'r unig ffarwél go iawn ac ynghanol y boen a'r galar, mae rhwystredigaeth ymadael heb i'r byw gael cyfle i dalu teyrnged gyflawn, cymaint o gwestiynau heb eu hateb, emosiynau heb eu datgelu. Pryd ddaru chi ddweud wrth eich rhieni eich bod yn eu caru nhw ddiwethaf? Peidiwch oedi; mae bywyd yn rhy fyr i gario gofidiau.

Pam sôn am wahanu? Pam crybwyll ffarwél? Wel dwi'n mynd; dyma'r Cwrt Cosbi olaf a dwi wedi bod yn pendroni ynglŷn â sut dwi fod i ddiolch am saith mlynedd o gefnogaeth, ac ymddiheuro am unrhyw gam neu boen rydw i wedi'i achosi. Yn y bôn mi fydd rhaid i mi sgwennu llythyr ata chi i gyd, ond dyw'r geiriau ddim gen i, felly ta ra, wela i chi, hwyl, cymrwch ofal . . . Diolch.

'Ydi hi'n amser i ffeindio joban go iawn?'